100

为新中国成立作出突出贡献的英雄模范人物

许 继 慎

吴 卓/编著

吉林出版集团 | 吉林文史出版社

图书在版编目（CIP）数据

许继慎 / 吴卓编著. -- 长春：吉林文史出版社，
2011.4（2024.5重印）
（100位为新中国成立作出突出贡献的英雄模范人物）
ISBN 978-7-5472-0534-1

Ⅰ．①许…　Ⅱ．①吴…　Ⅲ．①许继慎（1901～1931）
－生平事迹　Ⅳ．①K825.2

中国版本图书馆CIP数据核字(2011)第050691号

许继慎

XUJISHEN

编著/ 吴卓

选题策划/ 王尔立　责任编辑/ 王尔立

装帧设计/ 韩璘

出版发行/ 吉林文史出版社

地址/ 长春市福祉大路5788号　邮编/ 130118

电话/ 0431-81629363　传真/ 0431-86037589

印刷/ 天津海德伟业印务有限公司

版次/ 2011年4月第1版 2024年5月第7次印刷

开本/ 640mm×920mm　1/16

印张/ 9　字数/ 100千

书号/ ISBN 978-7-5472-0534-1

定价/ 29.80元

《100位为新中国成立作出突出贡献的英雄模范人物》丛书

编 委 会

主　任　　张自强　高　磊

副主任　　王东炎　徐　潜　张　克　王尔立

编　委　　郭家宁　尚金州　龚自德　张菲洲

　　　　　张宇雷　褚当阳　丁龙嘉　孙硕夫

　　　　　李良明　闫勋才

/**100**位

为新中国成立作出突出贡献的英雄模范人物/

八女投江	于化虎	小叶丹	马本斋	马立训	方志敏
毛泽民	毛泽覃	王尔琢	王尽美	王克勤	王若飞
邓 萍	邓中夏	邓恩铭	韦拔群	冯 平	卢德铭
叶 挺	叶成焕	左 权	诺尔曼·白求恩		任常伦
关向应	刘老庄连	刘伯坚	刘志丹	刘胡兰	吉鸿昌
向警予	寻淮洲	戎冠秀	朱 瑞	江上青	江竹筠
许继慎	阮啸仙	何叔衡	佟麟阁	吴运铎	吴焕先
张太雷	张自忠	张学良	张思德	旷继勋	李 白
李 林	李大钊	李公朴	李兆麟	李硕勋	杨 殷
杨子荣	杨开慧	杨虎城	杨靖宇	杨闇公	萧楚女
苏兆征	邹韬奋	陈延年	陈树湘	陈嘉庚	陈潭秋
冼星海	周文雍、陈铁军夫妇		周逸群	明德英	林祥谦
罗亦农	罗忠毅	罗炳辉	郑律成	恽代英	段德昌
贺 英	赵一曼	赵世炎	赵尚志	赵博生	赵登禹
闻一多	埃德加·斯诺	夏明翰	格里戈里·库里申科		
狼牙山五壮士	聂 耳	郭俊卿	钱壮飞	黄公略	
彭 湃	彭雪枫	董存瑞	董振堂	谢子长	鲁 迅
蔡和森	戴安澜	瞿秋白			

前 言

每个人的心中都多少有一点英雄情结，都向往英雄、景仰英雄。也正因此，在中华人民共和国建国六十周年之际，由中央十一部委联合组织开展的"100位为新中国成立作出突出贡献的英雄模范人物和100位新中国成立以来感动中国人物"的评选活动中，群众参与投票总数近一亿。这其中的每一张选票，都表达了人们对英雄模范的崇敬之情，寄托着对伟大祖国的美好祝福。

一个民族不能没有英雄，否则这个民族就不会强大。当国家危难之时，懦弱者选择了逃避、妥协甚至投降，英雄们却挺身而出，用热血捍卫民族的尊严，人民的幸福。在创立和建设新中国的伟大历程中，涌现出无数可歌可泣的英雄模范人物。他们之中，有为了民族独立和人民解放而英勇牺牲的革命先烈，有为了党和人民的事业而不懈奋斗的优秀共产党员，有在全民族抗战中顽强奋战、为国捐躯的爱国将士，有英勇杀敌的战斗英雄和革命群众，有积极从事进步活动的著名民主爱国人士和国际友人……他们是民族的脊梁、祖国的骄傲，是激励全体人民团结奋斗的精神力量。

《100位为新中国成立作出突出贡献的英雄模范人物传记》丛书，就像一部星光璀璨的英雄谱，真实、完整地记录了英雄模范人物不平凡的一生，再现了他们非凡的人格魅力和精神世界。"头颅可断腹可剖"的铁血将军杨靖宇，"毫不利己，专门利人"的白求恩，"抗战军人之魂"张自忠，"砍头不要紧"的夏明翰，"俯首甘为孺子牛"的文化斗士鲁迅……一串串闪光的名字，一个个动人的故事，犹如群星闪烁，光耀中华。

如今，战火已熄，硝烟已散，英雄已逝，我们沐浴在和平的幸福之中。在和平年代，人们不会忘记为今日的和平浴血奋战的英雄们，英雄的故事永远不会结束。让我们用英雄的故事唤醒我们心中的激情，为中华民族的伟大复兴而奋斗。

生平简介

　　许继慎（1901-1931），男，汉族，安徽省六安县人，中共党员。

　　许继慎1921年4月加入中国社会主义青年团。曾任安徽省学生联合会常委兼联络部部长，参与领导爱国学生运动。1924年5月考入黄埔军校第一期，同年转入中国共产党。参加了第一、第二次东征。1926年任叶挺独立团第二营营长，参加北伐战争攻打平江、汀泗桥、贺胜桥等战役，身负重伤仍坚持指挥战斗。后升任团参谋长、团长。汪精卫武汉国民政府叛变后，曾以独立师师长的职位作诱饵，妄图策动许继慎叛党，被他断然拒绝。大革命失败后，许继慎在安徽、上海等地从事党的秘密工作。1930年春被党中央派往鄂豫皖苏区，任中国工农红军第一军军长，领导整编鄂东北、豫东南、皖西三块根据地红军，实现了鄂豫皖红军的统一领导和指挥。此后，指挥红一军英勇作战，相继取得英山、四姑墩、光山、金家寨、香火岭等战斗的胜利，巩固和扩大了鄂豫皖苏区。1931年1月第一、第十五军合编为第四军后，先后任第十一、第十二师师长。率部取得双桥镇大捷，获鄂豫皖红军首次全歼国民党军一个师的胜利，粉碎了国民党军对鄂豫皖苏区的第一次"围剿"。此后，坚决反对张国焘提出的远离苏区、冒险进攻的错误军事行动方针。1931年11月牺牲。

1901-1931
[XUJISHEN]

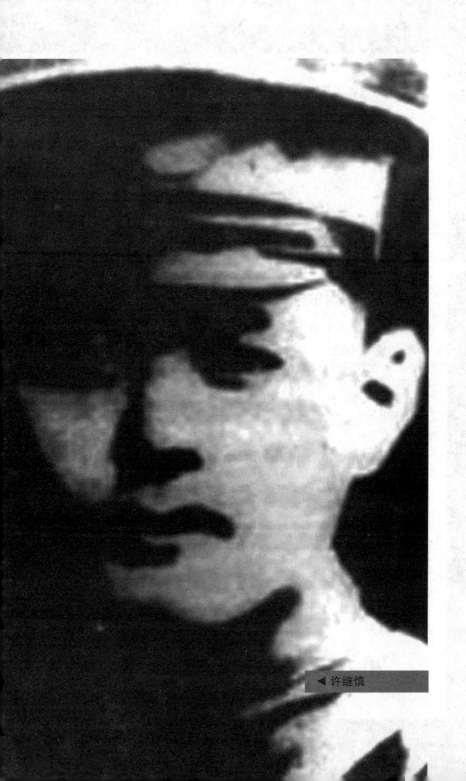

◀ 许继慎

目 录 MULU

月白如心祭英魂（代序）

　　许继慎出生于 20 世纪初，父亲早亡，家境贫寒，在母亲的努力和父亲旧友的帮助下读完了私塾，在五四运动带来的新思想、新思潮的影响下，他接触了马列主义，随后毅然离家求学，成为安庆学生运动的骨干。23 岁时考入黄埔军校，并加入了中国共产党，毕业后留任教导团，先后参加了东征、北伐等革命战争。29 岁时被派往鄂豫皖革命根据地，整编创建中国工农红军第一军并担任军长，此后带领部队英勇奋战，不断巩固和扩大革命根据地，并率部两次粉碎了国民党的"围剿"。30 岁时在"肃反"运动中被张国焘杀害。

　　许继慎并不是神童，他对革命的认识在很长时间里懵懂而粗浅，但他年轻、刚强、血性、坚忍，他信仰坚定、抱负远大、襟怀开阔、磊落无私……他的身上有无数美好的优点，却如夏花早早凋零在政治斗争的暴风雨中。我一次次被这位早逝的共和国将领感动，倘若历史容许假设，那么没有在"肃反"运动中蒙冤被害的许继慎，一定是新中国历史上最明亮耀眼的将星。

　　他是才华横溢的将领，从北伐开始绽放光彩。他是站在叶挺身边也毫不逊色的铁军名将；他是在鄂豫皖根据地纵横驰骋取得无数胜利的红军军长，他在"立三路线"甚嚣尘上时冷静地审时度势，为红一军保存了实力，他在敌人的大肆"围剿"中巧出奇兵巩固了鄂豫皖革命根据地。他有冲锋陷阵的豪勇，也有挥斥方遒的气度，他的心灵干净而透明，他对对与错的坚持近乎固执，他勇于为自己所信仰的真理奉献一切，哪怕历史的晦暗将他掩埋。

他对党、对共产主义事业的忠诚从未改变。他在中山舰事件后大声宣布："我是共产党员，永做共产党员。"他在汪精卫叛变革命后断然拒绝了反革命政府的邀约；他在大革命失败后抵着同伴的非议与误解默默地做着统战工作；在鄂豫皖，不论是抗拒"立三路线"后被排挤出前委，还是在红一军改编中从军长降职为师长，他都没有一句怨言。甚至在"肃反"运动蒙冤被害之前，他还相信党能还他一个清白。1945年中共"七大"为他平反时，距离这位卓越的红军将领去世已有14年。

时光流转，白雀园的松涛起伏如诉，绵绵悠长，那些凿刻在历史石壁上的伤口，已永远停留在了那一刹那，任后人看遍枯荣世事月白风清，我们唯能祭一缕思念，遥祝英灵永存。

从爱国青年到革命斗士

(1901—1924)

➡ 少年初成

★★★★★
（0-18岁）

1901年，许继慎出生在安徽省六安县石堰乡土门店一个普通农民家庭。石堰乡早年叫做苏家埠镇枣林岗保，许家自祖父辈迁居至此。许继慎的祖父许有堂为人正直忠厚，处事公道，在地方颇有清誉，被公举为枣林岗保董事，历任二十余年，为百姓做了不少好事。父亲许克卿自幼读私塾，喜好文学，与同塾同学鲍昂千志趣相投，交谊颇深，两家本已是世交，他二人更是亲如兄弟。"许继慎"这个名字即是鲍昂千给起的。

许继慎在家谱上的名字叫做许绍周，乳名双喜，兄妹三人中排行老大，下有一个弟弟和一个妹妹。许继慎自幼聪明好学，4岁就能背诵诗词，8岁破蒙入塾时，他已能熟练背诵《千家诗》、《唐诗三百首》中的大部分古诗。

9 岁时，许继慎从鲍宏涛的塾馆转入鲍昂千的塾馆，从塾师王凤梧读书。一直读到 13 岁。在这段时间里，中国发生了翻天覆地的变化，许继慎的命运也有了转折。

1911 年，辛亥革命爆发，推翻了清朝政府在中国的统治，建立了民主共和国。历史的大变革令许继慎感到无比新奇，可他又听到当地的豪绅雅士们对革命大加抨击，言语中对孙中山很不尊重。许继慎去问父亲，父亲许克卿的态度与那些人截然不同，他对许继慎说，孙中山是中国了不起的大人物，他领导的辛亥革命是为了拯救中国，而骂他的那些人却都是不愿意老百姓过好日子的。这些话深深地印在了童年许继慎的心中，使他有了初步的是非观和对革命的向往之情。

此后不久，许克卿便因病去世了，卒年 31 岁。父亲的去世对许继慎的家庭是个巨大的打击。按照许家的家境，许继慎和弟弟许希孟不可能再读书了，可刚毅的母亲牢记父亲的嘱托，硬是狠下心卖掉家产田地，靠租种土地维持生计，供兄弟俩继续读书。一家人的生活十分困窘，哪怕吃糠咽菜也常常是吃了上顿愁下顿。幸好得到了亲戚朋友尤其是许家世交鲍昂千的帮助，兄弟俩才没有失学。

在鲍昂千的塾馆学习了四年后，13 岁的许继慎又转入塾师张福斋的学馆，他学习刻苦，成绩优良，思维活跃，才华出众，不仅深得塾师的喜爱，在同学中也很有威信。而因他性情豪爽热情，好打抱不平，就连乡里的少年也都乐意与他交朋友。

许继慎15岁时，袁世凯篡夺辛亥革命的胜利果实，实行独裁统治，解散国会，公然称帝，改元洪宪，遭到了举国上下的激烈反对。同年，陈独秀主办的进步刊物《新青年》也出版发行了，它掀起的思想浪潮也波涌到了六安县这个偏僻的小地方，刊中宣扬民主与科学，提倡新文学反对旧文学，提倡白话文反对文言文，这都使许继慎倍感新奇，为之振奋。

16岁起，许继慎开始跟随名儒张侍臣读书。张老先生学识渊博，思想开明，是老同盟会的会员，他极力推崇孙中山的中产阶级革命纲领，拥护辛亥革命。他的思想与主张深深地影响着青年许继慎。在《军阀乱政》的作文中，许继慎响亮地喊出了"削平军阀，统一山河"的口号，鲜明地袒露了自己的革命理想与远大抱负，还有火热的爱国激情。等到俄国十月革命成功的消息传入许继慎耳中的时候，这个懵懂质朴的少年已长到18岁。

1919年，五四运动爆发，北京、上海等大城市相继罢课、罢工，六安县教育界也热烈响应，在一些进步知识分子的带动下，学生运动轰轰烈烈地开展起来。当时，许继慎和同学杨溥泉、安梦周、鲍传胪在街头看到学生们表演活报剧、作讲演，还有举着"还我青岛"、"誓死反对'二十一条'"、"内惩国贼，外争国权"、"打倒曹汝霖、章宗祥"等口号的游行队伍，也不禁热血沸腾，加入到浩浩荡荡的游行大军中。

△《共产党宣言》封面

在五四运动的推动下，设在六安县的安徽省立第三甲种农业学校的教师朱蕴山、翟其善、黄人祥等组成了中国革命马克思主义研究会，开始学习马克思主义，传播科学和民主思想。许继慎通过他在这所学校的同学借到了《新青年》、《共产党宣言》、赫胥黎的《天演论》、达尔文的《进化论》等大量进步书刊，眼界洞开，于是说服了家里，决定不再死读八股文，而要报考新式学校，学习科学、历史、地理、英语等课程。他的想法得到了家人的理解和支持，弟弟许希孟自愿辍学，开始挣钱养家。

许继慎与母亲商定要报考设立在六安县的安徽省立第三甲种农业学校，这所学校活泼自由的校园风气和新颖实用的课程设置深深地吸引着许继慎，为此，他利用暑假补习了英语、数学等课程，并趁1919年寒假特地拜访了朱蕴山，又经朱蕴山介绍，拜会了校长沈子修和学监桂月峰，他们平易亲切的态度、丰富渊博的学识、自由进步的思想以及深沉厚重的爱国情怀无不打动着许继慎，更使他坚定了追求真理、学习科学文化知识的决心。朱蕴山劝许继慎说，安庆是安徽省首府，水陆交通便利，教育条件发达，思想活跃，民主空气高涨，民主意识也更为强烈，不如到安庆去上学。

许继慎听从了朱蕴山的建议，在1920年春天进入安庆第二模范小学插班学习，取得了毕业证书，并在下半年考取了安徽省立第一甲种工业学校土木工程科。与他一齐考中的还有杨溥泉和鲍传胪。鲍传胪是鲍昂千的儿子，二人一同考中，鲍昂千索性将几个孩子送到安庆，同时将许继慎的名字由许绍周改为许继慎，字谨生，意思是要他继业慎重，一生谨勤。直到为革命献身，许继慎都一直用着这个名字。

→ 求学安庆

★★★★★ （19—20 岁）

1920 年的安庆，新思潮涌动，一大批宣传科学民主思想的进步刊物广为流传，民主革命知识分子进行的反帝反封建革命斗争也搞得轰轰烈烈，在这样的氛围里，许继慎的世界观有了脱胎换骨的转变，他开始由一个普通的、怀有朴素爱国热情与民主思想的进步青年转变为一个用马克思主义武装起来的坚定的共产主义战士。

许继慎求学的安徽省立第一甲种工业学校是一所民主开放的学校，与龙口一师都是免交学费的，读书的多是穷学生。他们大都饱受封建军阀的欺压迫害，自然与许继慎等人结为好友。在五四运动的影响下，他们勇敢地驱逐了军阀当局在第一甲种工业学校的代理人丁述明。

　　胸怀大志的许继慎不仅各门功课都取得了优异的成绩，他还如饥似渴地阅读各类进步书刊、报纸，其中有在安庆流传的《新青年》、《向导》、《独秀文存》、《白话通信》、《共产党宣言》、《唯物史观浅说》、《新俄游记》、《赤都心史》、《湘江评论》、《每周评论》，还有安庆本地进步知识分子蔡晓舟、王步文、朱蕴山等主办的《黎明》、《安庆评议报》、《安庆学生》、《寸铁》、《洪水》……书报上的思想并

△ 《新青年》

不能满足许继慎，他还去安庆学生组织的马克思主义研究会学习，去读夜校，去参加义务教学活动，他仔细聆听恽代英、郁达夫的讲演，就连安庆工运、农运、学运、非基督大同盟运动委员会等组织成立，许继慎也积极地参与其中，帮助开展工作，进行斗争。这些学习和社会活动如一场场风暴，使许继慎反复地思考着社会的现状、国家的发展、人民的出路，经过审慎的判断，许

继慎清醒地意识到，中国若不经历一场大变革，不把中国人民从沉睡中唤醒，就不可能改变中国贫穷落后的面貌。

在一系列学习、工作、斗争中，许继慎结交了许多志同道合的好友，其中有安徽教育界颇负盛名的进步知识分子蔡晓舟，"五四"以来，他积极地进行反帝反封建斗争，认真探索救国救民的真理；也有安徽省学联第二届学生会会长方乐舟，他组织和领导了多次抵制日货、反对军阀的学生运动；还有王步文、舒传贤、童汉璋等，都是安徽省较早接受马克思主义的青年知识分子。1920年，许继慎、蔡晓舟、方乐舟、王步文、舒传贤、童汉璋、杨溥泉等在安庆组织了马克思主义研究会。1921年春，许继慎、蔡晓舟、方乐舟、王步文、舒传贤、童汉璋、宋伟年、杨溥泉、王光强、胡养蒙等二十多人，在安庆怀宁县学宫内召开了安庆社会主义青年团筹备会议，讨论了建团准备工作的有关事宜。会上，刘天予散发了由上海带来的《青年团简章》和《先驱报》等进步刊物，介绍了苏联十月社会主义革命的情况，讲解了社会主义青年团的性质、任务和入团应具备的条件，号召与会同学积极争取加入组织。同年夏，他们又于菱湖公园茶社正式召开了安庆社会主义青年团成立大会，建立了安庆社会主义青年团。许继慎和蔡晓舟、刘天予、柯庆施、舒传贤、王步文、周骏、方乐舟、童汉璋、杨溥泉、皮言智、彭干臣、余大化、张友鸾、魏肆园、黄晋卿、詹春泉、蒋树成等四十多人参加了会议。许继慎是安庆社会主义青年团创建者之一，也是安徽最早的社会主义青年团员之一。

许继慎不只和志同道合的朋友一起讨论问题，他还常与同学进行辩论，从政治军事到学术思想，双方各抒己见，每每争执不下。一次，许继慎与鲍传胪就如何使中国富强争论起来，鲍传胪认为，救国于水火关键在人。如果有像管仲那样有才干的人统一军政，有包拯那样清廉的人整饬吏治，中国社会将不会这样动荡不安。许继慎则认为，改变中国现状绝不是一两个人能够做到的，需要全国人民上下一心，励志图强，通过变法革命的霹雳手段才能使中国由弱转强。他说，西方称中国为"东亚病夫"，中国的"病"确实很重，必须用四万万双回春妙手，坚决对"病夫"实行开刀手术，才能去腐生新，转危为安，变弱为强，问题的关键在于国人的觉悟与决心。在这样的争论中，许继慎的辩才并始显露出来，他的思维敏捷，道理透彻，论点明晰，论据充分，往往使对手心服口服。朋友们聚会探讨国事学术时，也都要力邀许继慎参加。许继慎的爱国思想和进步要求以及他在一系列反帝反封建活动中的表现，使他成为安庆著名的学生运动领袖，尤其是在轰轰烈烈的"六二"学潮斗争中。

→ 学潮先锋

　　袁世凯死后，以段祺瑞为首的皖系军阀和以吴佩孚、曹锟为首的直系军阀，为争夺北京政府统治权在京津地区进行了战争。1920年7月19日，段祺瑞被迫辞职，直、奉两系军阀遂控制了北京政权。直系军阀的首领曹锟觊觎总统宝座，大肆揽权，先后将亲信派往各地，控制地方上的权力。派到安徽的倪嗣冲、马联甲、倪道烺等人，只顾弄钱拍马，中饱私囊，靠疯狂镇压民主运动、捕杀革命志士邀功弄权，每年拨给全省的教育经费却只有六十多万，安徽教育界各团体纷纷呼吁增加教育经费，他们却根本不理不睬。故此，安徽的反封建军阀斗争，首先是以革命学生为先锋，以革命知识分子为骨干，以争取教育经费的独立为突破口的。

1921年，统治安徽多年的督军倪嗣冲因病残废后，他的侄子倪道烺接替了他的位子，伙同安徽省长聂宪藩、皖南镇守使马联甲在蚌埠给倪嗣冲建了一个生祠，计划在6月7日举行落成典礼，要求省内的议员都去庆贺。安庆的议员们打算在6月3日出发。这可急坏了正打算跟议员们商量增加教育经费问题的教育界人士：他们这一走，这件事不就要拖延甚至被搁置下来吗？这岂是能耽搁得起的？思来想去，省、市学联决定在议员们离开安庆前派代表到省议会请愿。

6月2日晚，众代表来到省议会所在的任家坡，省议会厅内灯火通明，正在大摆宴席宴请倪道烺、马联甲。

学生代表、省学联会长方乐舟等十二人冲破了警察的阻拦，冲进省议会找到副议长赵继椿。赵继椿怒气冲冲地质问道："你们是哪个学校的？跑来干什么？"学生们说："我们是各校学生的代表，来要求增加教育经费，请议长到学生会谈谈，务必给我们一个明确的答复。"赵继椿根本不听他们把话说完便厉声命令省议会卫队把学生们赶出去。卫队的士兵对着学生们喝道："滚出去！"

学生代表坚决不退，士兵们竟抓起板凳砸打代表们。代表们手无寸铁，势单力孤，抵抗不住，只好退离省议会，到梓潼阁一中、龙门口第一师范学校报信。

一中学生获讯后，立即与各校紧急联系，传达代表们被打的消息，召集全市学生跑步到省议会抗议。偏巧这天是星期六，很多学生回家了，一时难以集中，一中的学生周肇基听到消息后，便与浦世泽、曹觉生等带领一批学生率先赶到省议会，省议会门口的警察喝令他们回校，周肇基据理力争，其他学生也高呼："冲进去！冲进去！"双方僵持不下时，省议会内突然冲出一群士兵，手持木棒，劈头盖脸地向学生打来。不少学生被这顿乱棍打倒打伤。周肇基更是重伤倒地，被军警拖进省议会的卫兵室。

晚上8点，惊闻噩讯的许继慎与法政专门学校、第一甲种工业学校、第一师范学校的千余名学生相继聚集到省议会的后门口，马联甲打电话命令驻守在安庆东门外的旅长史俊玉立即带部队前来弹压。赤手空拳的学生们与荷枪实弹的士兵在省议会后门遭遇了。

甫一照面，军阀的部队便恶狠狠地攻击学生，走在队伍前面的第一师范校学生姜高琦被人连刺七刀，血流如注，倒在了地上。学生们见状纷纷后撤，挤满了街道，前拥后撞，乱作一团，部队趁乱肆意殴打，许多学生都倒在了地上。此时，许继慎不顾个人安危，镇定地指挥同学们后撤，并安排人救护受伤倒地的同学。

法政专门学校的校长光明甫听说学生们被打伤了，十分愤怒，直奔省议会质问事由。才一进门就看见被打得满身是血的周肇基躺在卫士室里，光明甫赶紧招呼学生们送他去同仁医院抢救，又接着向省议会大厅冲去，卫队想要阻拦，被同来的法校教员史磊水、孙闻园推开，三人一起闯了进去。自知理亏的倪道烺早已慌忙逃跑，留下粗鄙的马联甲应付众人。马联甲面对光明甫的责问理屈词穷，不仅蛮横地动手打了光明甫，还掏枪指着他。光明甫毫不畏怯，倒是在场的官员怕事情闹大，赶忙将两人拉开，把光明甫送出省议会。

6月2日的惨案使各界震惊，军阀的暴行激起了人民的愤怒。安徽省教育会、教职员联合会、学生联合会、上会、工会、农会、律师公会、医师公会、新闻记者工会、法政同学会等"十公团"各推代表在省教育会设立联合办事处，后来又成立"六二惨案"后援会，通电北京、天津、上海、南京、武汉等城市，要求伸张正义。

许继慎是第一甲种工业学校学联会的负责人，作为学联会的代表，先后参加了联合办事处、"六二惨案"后援会的工作。

当时，教育界内的一部分人产生了妥协求安的思想，学生中又弥漫着"拼个你死我活"的过激情绪，许继慎坚持原则，左右劝说，使得众人齐心协力，共抗暴行。许继慎夜以继日地奔走呼号，争取到全省的舆论支持，并发动各校罢课抗议。由于许继慎做了大量的工作，不只安庆各校门口悬挂起了"议员、军阀残杀学生、全体罢课，誓与偕亡"的巨大白布横幅，芜湖、六安、蚌埠、潜山、太湖的学生也纷纷响应。许继慎家乡的省立第三甲种农业学校不仅成立了"六二惨案"后援会，还派出了代表专赴安庆，与省城的学生们并肩战斗。安徽省各地的报纸也纷纷以醒目的标题、显著的版位大量刊登相关消息和评论，无不指责倪道烺和马联甲的暴行。

倪道烺、马联甲陷入了空前的孤立中。

"六二惨案"后，安徽省学联及时进行了改组。因为学生们都意识到，要提高学生运动的水平，就要加强学联的领导，也就必须要有一些精明强干的人担任干部。许继慎在这次改组中当选为常委兼联络部部长，会长是舒传贤，副会长是周骏。王步文、童长荣、童汉璋、杨溥泉、彭干臣、刘培寿等均为常委或委员。许继慎果敢机智，思维敏捷，又与安徽教育界著名的知识分子刘希平、沈子修、光明甫、王肖山等人交好，所以交给他的任务往往都能圆满完成。

7月1日，被连刺七刀的学生姜高琦受伤过重，不治身亡。全市各地群众和全省各地代表在黄家操场上召开了万人声讨大会，会后举行了声势浩大的示威游行。他们高举着姜高琦的血衣，冲进副议长赵继椿和公益维持会分子的住宅，高呼"惩办凶手"、"血债血偿"。

此后，"十公团"向北洋政府大理院控诉倪道烺和马联甲血腥屠杀青年学生的暴行，要求将他们撤职查办。北洋政府迫于全国舆论的压力，一度将倪道烺拘禁。安徽省政府也被迫同意议员永不得兼任校长，并将教育经费增加到150万元，由教育界推派人选专职负责，钱款独立自决。

"六二学潮"是在中国无产阶级民主革命思想影响下爆发的一次大规模的反对封建军阀的群众运动，许继慎是这次运动的重要领导者之一。他和舒传贤、王步文、杨溥泉、彭干臣、方乐舟、童汉璋等团结广大知识分子和青年学生，勇往直前，不怕牺牲，沉重地打击了安徽封建军阀的嚣张气焰，鼓舞了人民的斗志，在安徽省民主革命的历史上写下了光辉的一页。而这次学潮引起的波澜并未就此停息，它连续两年冲击着安徽省的政治生活。许继慎和他的战友们先后发起了反对贿选第三届省议会、驱逐省长李兆珍及吕调元、反对曹锟贿选、反对增加捐税等一系列斗争，在省城安庆掀起了一次又一次反封建军阀的群众运动。

学运领袖

★★★★★

（20—23岁）

1921年春，六安县知事骆通收受贿赂、草菅人命，兼之平日里作恶多端，激起了众怒，安徽省立第三甲种农业学校的学生开展起驱逐骆通的斗争。校长沈子修、学监桂月峰、教师钱杏邨等对此大力支持，钱杏邨起草了《驱骆宣言》，在上边列举了骆通的十条罪状，并印成传单，广为散发。他们还组织街头演讲，向广大市民揭露骆通的罪行。一场轰轰烈烈的驱骆运动就这样开始了。

时近暑假，学校放假，不少学生回了家，骆通见状，嚣张地说要逮捕参加驱骆运动的学生。学生会负责人桂伯炎一面通知回乡的

从爱国青年到革命斗士

同学返校，一面向安庆的六安旅外同学会、六安旅省同乡会发电，请求许继慎、周范文等给予支援。许继慎闻讯，立刻赶回六安。在芜湖、南京、上海等地读书的胡苏明、王逸常、宋伟年、王绍虞等也一起赶了回来，他们与当地学生一起投入到驱骆运动中。

经许继慎提议，学生们统一住在城关第一高等小学，人员各分其工，各司其职。为防止骆通对学生下毒手，许继慎还争取来一些六安掌权派的子弟们。7月，声势浩大的驱骆大军将县衙包围起来，骆通吓得蜷缩在县衙里不敢露面。许继慎和胡苏明、王逸常、宋伟年等冲破了军警阻拦，站在队伍前面。队伍很快由二三百人增加到五六百人。骆通想要调军警镇压，可六安的军团长王尚林觊觎县知事的位子，故意按兵不动，骆通的秘书范梅厢也想借学生的力量赶走骆通，便劝骆通去安庆避风。被学生从县衙里揪出来的骆通假意答应不再返任，转头就向省长公署哭诉，诬蔑学生是"暴民"，请求弹压。但省长许世英慑于"六二学潮"余威，对此没有明确表态。骆通不死心，又想返任，许继慎等闻讯，立即把守住六安城的城门。一连数天，许继慎忙得顾不上吃饭洗澡，常常通宵达旦地站岗。他还利用范梅厢与骆通的旧隙，让范梅厢故意夸大六安驱骆运动的声势，加重描述返回六安的危险性，把骆通吓得不敢回来。许继慎和同乡会的刘希平以及省知名人士李光炯、光明甫等联系，做通省内上层人士工作，直接向省长许世英陈述骆通的罪行，要求将骆通撤职查办。朱蕴山也发起宣传活动。

经过一个多月的斗争，骆通终于不敢重返六安，省署任命范梅厢代理六安县知事，驱骆运动终于取得了胜利。

过了不久，许继慎又带领学生展开了轰轰烈烈的"拒李"斗争。

1921年夏秋之际，安徽省省长聂宪藩与倪嗣冲之间钩心斗角地闹了一场，聂宪藩被迫辞职，倪道烺以40万元贿赂北洋政府总理靳云鹏，任命倪嗣冲的旧幕僚李兆珍为省长。安徽省学联闻讯，立刻通电北京政府，表示反对李兆珍任职。消息发出如泥牛入海，北京当局对此置之不理。学联领导人舒传贤、周骏、许继慎等决定发动全市学生组成"拒李队"，不许李兆珍到安庆就职。许继慎和学联委员们亲自参加"拒李队"，对沿江码头分段把守，严阵以待，不许李兆珍上岸。反动政府见状，暗施诡计，明里派人在码头假装迎接，暗里在安庆市外三四里处偷偷把李兆珍接上岸。直到李兆珍发布就职公告，学生们才知道他已经溜进了安庆。许继慎等人立刻率"拒李队"进城，围攻省长公署。公署门外有军队把守，刀枪林立，杀气腾腾，见到学生涌来，他们还鸣枪示警，好在慑于"六二学潮"的声威，他

从爱国青年到革命斗士

们始终不敢动手。围攻的学生和群众越聚越多，口号喊得震天响，李兆珍就是不露头。双方一直僵持至深夜。次日，经许继慎提议和联络，"十公团"联席会议决定，"十公团"代表和全市学生上街游行，逼迫李兆珍离开安徽。游行时，许继慎始终走在队伍前头，以防军方忽然发难。一连三天，李兆珍仍赖着不走。许继慎见硬来不行，便干脆提议断绝省长公署的水电食物。省学联和"十公团"采纳了这一建议，做出全市商店罢市、封锁省公署的决议。许继慎率领数千名学生和市

▽ 安庆建团菱湖会议旧址

民猛砸省公署大门，公署内的警察向外扔石块儿，砸伤了好几个人，更激起了民愤。众人发力高呼，要李兆珍"滚回去"，否则"誓不罢休"。到了第七天，李兆珍终于赖不下去了，灰溜溜地逃出了安庆。

驱李斗争取得了胜利，这让许继慎十分高兴，然而这喜悦还未退去，他便以更大的热情投入到反对贿选第三届省议会的斗争中。

倪道烺为了把省议会变成他的专属工具，妄图将亲信都安插进去，为此，他处心积虑，早早做好了准备。1921年，他花费了300万元巨款，通过他一手把持的公益维持会，在安徽全省六十个县进行了贿选。

针对这种情况，"十公团"在许继慎、光明甫、李光炯、刘希平的带动下，采取了一系列措施展开斗争。他们组织安徽各界澄清选举团，发表宣言，号召省各界抵制贿选。全省各界人士积极响应，采取各种措施揭露贿选丑行。许继慎参加了安庆各界澄清选举团，收集贿选丑闻，发动安庆广大群众揭露贿选黑幕，并向法院起诉，要求依法判决此次选举无效。根据省议会选举章程，宣布复选无效或召集会议必须由省长兼复选总督决定，而傀儡省长李兆珍才被许继慎等人驱走，省长一职便成为贿选斗争中的焦点。与"贿选派"利益相关的人主张任用吕调元，而以"十公团"为代表的人却主张由许世英出任。许世英是中国近代政坛上的一位著名人物，历经晚清、北洋、民国三个时期，在当时是支持辛亥革命的进步人士。在他到达安徽时，"澄清团"与"贿选派"的斗争已近白热化，双方都向许世英施加压力，许世英进退两难，便以自杀来拖延时间。此时，在各公团的控告下，无为县、六安县的贿选被地方法院宣判"无效"，各县顿时群起声援，其他各地方法院的"无效"判决也纷纷下达，这就使许世英不得不宣布取消贿选出来的第三届议员的资格。

倪道烺的300万元输得精光，眼见美梦化为泡影，他慌忙狼狈地离开了安庆。但是人民并没有宽恕他的罪行，不久，北洋政府迫于压力，撤销了马联甲安徽省军务帮办职务，通缉与安徽军阀狼狈为奸的凤阳关监督倪道烺，宣布安徽省第三届省议会选举出的议员全部无效。这在中国历史上还是第一次。许继慎在这场斗争中作为一名优秀的组织者和领导者，发挥了巨大的作用。

1923年6月，直系军阀首领曹锟指使其党羽把总统黎元洪逼出北京，为自己上台当总统扫清了道路。为了"名正言顺"地登上总统宝座，在9月总统选举的预选会上，曹锟以借饷为名搜刮了一千三百万余元，以五千元一张选票收买议员，又以四十万元的高价收买了国会议长，就这样靠贿选当上了第五任中华民国大总统。历史上将曹锟称为"贿选总统"。

安庆学联在党的领导下开展了一系列反对曹锟贿选的斗争。10月9日，许继慎和安庆数千群众高举"反对曹锟贿选"等标语进行了声势浩大的游行。当日，许继慎带领学生抄了两个贿选议员的家。第二日，安庆的反动报纸《民治报》刊载消息，称学生为"暴民"，要求军阀当局出面镇压。许继慎见状，便带领学生砸了《民治报》的报馆。

民众的呼声并未能阻止曹锟登上总统的宝座。10月10日，曹锟上台，旋即下令通缉许继慎、王步文、周骏、童长荣、杨溥泉、彭干臣等人。同时被通缉的还有安徽省教育厅厅长汀彤侯和安徽大学筹备处主任蔡晓舟等人。许继慎被迫流亡上海。

许继慎和王步文等人流亡到上海后，生活十分困苦，但他们依旧坚持反对曹锟的斗争。他们把逃亡到上海的学生组织起来，成立了安徽省逃亡学生反对贿选团，出版《黎明周刊》，继续为"反曹驱马"贡献力量。

许继慎在沪期间，得到了刘希平、沈子修、桂月峰等前辈的掩护。深秋时，许继慎潜回芜湖，进入沈子修、桂月峰所在的安徽省立第二甲种农业学校插班就读。11月上旬，许继慎受党组织的派遣，在保持组织独立性的同时，又以个人身份加入了国民党。1924年春，在沈子修和共产党早期创始人高语罕的帮助下，许继慎又回到上海，进入上海大学旁听，希望能寻得救国救民的道路。

上海大学是在1922年创办、1923年春开始招生的，创办人、校长正是著名教育家、同盟会成员及后来的国民党元老于右任。他践行着孙中山先生"联俄、联共、扶助农工"的三大政策，使这所大学里活跃着一大批中国共产党的领导干部、理论家、活动家及著名爱国进步知识分子，张太雷、蔡和森、瞿秋白、任弼时、李达、施存统、萧楚女、恽代英、蒋光赤、周建人、邓中夏等人亲自任课，宣讲马克思主义哲学、政治经济学、科学社会主义、介绍十月革命；李大钊、杨杏佛、杨贤江、郑振铎、高语罕等兼任"特别讲座"的讲师，经常来做一些，振聋发聩、发人深省的演讲。

△ 于右任

许继慎旁听的是社会学。在这里，他接触到一大批革命家、理论家、教育家，比较系统地学习研究了马列主义，这使他在掌握马克思列宁主义的基础理论方面有了很大的进步。他还自学了大量马列著作。这些基础理论的学习，使许继慎基于在理想与信念之上的革命追求建立在了更加自觉的基础上。

此外，他还和王逸常、薛卓汉等同学到上海市学生联合会、全国学生总联合会、上海市非基督教同盟、上海市工商学联合会等进步团体帮助开展工作，向上海市进步青年介绍安徽省五四以来所进行的反帝反封建军阀的斗争情况。在安庆无数斗争中成长起来的许继慎经验丰富，口才犀利，讲话很让大家信服。

就在许继慎怀揣着救国民于水火的梦想之路上蹚行时，他人生分水岭已悄悄地破开水面。

1924 年春末，黄埔军校到上海秘密招生。

黄埔军校是国共合作的产物，也是孙中山先生三大政策的产物，是共产党发挥积极作用创建新军队的军事学校。党组织决定让许继慎、曹渊、杨溥泉、王逸常、廖运泽等人去投考。许继慎十分高兴。或许他并没有意识到，他命运的转折点已经到来，他的人生即将揭开全新的一页。

从黄埔俊杰到东征英雄

(1924—1926)

→ 黄埔精英

★ ★ ★ ★ ★

（23岁）

1924年春末，许继慎拿着从高语罕手中接过的上海大学党组织开的介绍信，来到了上海法租界环龙路44号军校招生办报名。到了之后，许继慎吃惊地发现，这里不仅是孙中山先生在上海的住宅，也是国民党在上海的执行部，胡汉民、汪精卫、于右任等人在这儿分任各部部长，毛泽东任组织部秘书兼代秘书处文书科主任。沈泽民、瞿秋白、邓中夏、恽代英、向警予等共产党员也在各部门负责实际工作，这个执行部直接统辖着江苏、浙江、江西、安徽、上海等地的工作。

接待许继慎的是施存统。施存统对许继慎十分亲切，言谈中，许继慎得知，施存统是与许继慎一同加入国民党的柯庆施的好友，而且早在安庆建团筹备会时，会上传阅的建团简章就是施存统安排人带去的。他问许继慎：投笔从戎，行军打仗，既辛苦又会有牺牲，有没有思想准备？许继慎慨然答道：当今之世，不拿起枪杆铲除军阀，岂能救国救民？

这就是许继慎的理想，他一生都在为这个理想奔忙、奋斗，黄埔军校的锻炼无疑将为他的理想铺就一条道路。

3月中旬通过初试后，许继慎与同乡杨溥泉、王逸常、曹渊、廖云泽等十多人结伴到广州参加复试。4月28日，许继慎接到了黄埔军校第一期录取通知书，与他同来的十几名安徽同学也几乎都被录取。5月5日，新生报到。入伍生被编为四个队，许继慎在第二队第二区队，队长毛廷桢也是安徽人，又是共产党员，对许继慎军政素质的提高给予了很多帮助。

此后不久，根据中共两广区委决定，许继慎由社会主义青年团团员转为中共正式党员。

6月16日，黄埔军校正式举行开学典礼，孙中山偕夫人宋庆龄在苏联顾问加伦将军、军校党代表廖仲恺、校长蒋介石的陪同下视察了课堂和寝室，然后在广场上对着军容严整、精神焕发的学生们作了慷慨激昂的演讲。孙中山指出：中国革命迟迟不能成功的原因，就是没有真正的革命武装队伍，没有广大人民的基础，现在无论哪一个部队，都是假革命之名，行割据之实，克扣军饷，剥削人民，贪图私利，贻祸苍生，使我的革命主张不能实现。为了完成革命使命，我下决心改组国民党，建立党军，实行工农政策，第一步使武力与民众相结合，第二步使武力成为民众的武力，这就是创办黄埔陆军军官学校的主旨，也就是黄埔陆军军官学校的使命。

许继慎激动地聆听着孙中山先生的讲话，他的心在沸腾与呐喊，他将用生命来践行孙中山先生的要求：从今天起立一个志愿，一生一世都不要存升官发财的心理，只知道做救国救民的事业！

黄埔军校的课业很紧张，政治与军事并重。政治课包括"三民主义浅说"、"中国政治经济状况"、"帝国主义侵略中国史"、"世界革命运动简史"等，军事课程则由苏联顾问编订，包括步兵操典、设计教程、野外勤务、战术、兵器、筑城、地形、通信、军制、交通、实地测图等内容。每天操课达11小时，此外还有大会小会及各种社会活动。

许继慎学习非常认真刻苦，各门功课都取得了很好的成绩，受到了区队长毛廷桢的好评，一次野外演习结束，许继慎还得到了苏联顾问契列班诺夫的表扬。许继慎的种种出色表现使他成为黄埔一期学生中和李之龙、蒋先云齐名的风云人物，他们在学生中威信很高，影响和带动了一大批左派青年。

由于黄埔军校是国共合作的产物，所以训练文件中有明文规定，可以阅读社会主义、共产主义、马克思主义等书籍。课程中的很多政治理论课也都是共产党员执教的。在许继慎转为中共党员不久，黄埔军校就成立了中共黄埔军校支部委员会，

△ 周恩来

蒋先云任书记，王逸常、杨其纲任支部干事，许继慎和陈赓任候补干事，每区队设一到两个党小组，许继慎和李奇中等在一个小组。

除了课业，许继慎做得最多的就是党务工作，只要有机会去广州，他都会到两广区委汇报工作。9月初的一天，许继慎在中共两广区委的办公室邂逅了周恩来。

1924年9月初的一个周末，许继慎像往常一样来到中共两广区委，在区委书记陈延年的房间里，坐着一位浓眉大眼的青年军官。陈延年介绍道，这时中共旅欧支部的负责人、才从法国回来的黄埔军校政治教官周恩来。这是许继慎与周恩来的初次相逢。11月，周恩来担任黄埔军校政治部主任、两广区委军委负责人，此后，许继慎便在周恩来的直接领导下工作。每个星期天，许继慎、蒋先云、王逸常、杨其纲、陈赓、杨溥泉等共产党员都会到广州农民运动讲习所开会、学习，先后听过陈延年、刘少奇、张太雷、周恩来等人的报告，思想觉悟有了很大的提高。

为了武装学生思想，提高学生觉悟，身为黄埔政治部主任的周恩来还在军校内作了多场演讲，精辟地分析了军队的性质和军队的阶级性，论述了创建革命军队的途径，指出了革命军队与反革命军队的区别，他特别强调，军队是实现我党理论的先锋，军队要为被压迫的人们的利益冲锋陷阵。这与许继慎的理想不谋而合，加之周恩来平日里严于律己，对他人又亲切随和，他一直被许继慎视为楷模。

在两广区委军委的领导下，军校党支部积极谨慎地在军校学生中发展党员，建立党组织，黄埔一期学员中发展的八十多名党员都在军校学生中起着骨干与核心的作用。在党的组织和发动下，他们组建了青年军人联合会。许继慎、蒋先云、周逸群、傅维玉、陈赓、王一飞、左权、陈启科、黄鳌、李汉藩、杨其纲、袁策夷、刘云、张继春、李之龙等品学兼优、在学生中享有很高威望的共产党员均是青年军人联合会的负责人。青年联合会在黄埔校内影响很大，而且还直接或间接地影响了滇、桂、湘各军所设的军官学校。

在黄埔的学习短暂而充实，1924年10月10日，就在许继慎毕业前不久，广州城发生商团叛乱。许继慎亲自参加了平定叛乱的斗争。

广州商团是英国汇丰银行广州分行买办陈廉伯和佛山大地主陈恭受控制的反动武装集团，在国民党与共产党合作，鲜明地提出反帝反封建革命纲领后，帝国主义、封建军阀和买办势力也加紧勾结起来，阴谋推翻以孙中山为首的大元帅府，建立"商人政府"。早在8月10日的时候，商团就利用挪威商船走私军械入境，被黄埔军校发现并截获。陈廉伯趁机煽动广州、佛山等城市的商人罢市。10月10日，商团向参加广州纪念辛亥革命日游行的群众开枪，挑起流血事件。面对此种情况，广东革命政府于14日宣布解散商团，收缴枪械，孙中山命令警卫军、黄埔军校学生军、教导团以及湘军、粤军的一部分,星夜赶回广州平叛。10月14日晚，许继慎所在的第二队会同第三队，乘船开进广州参战。经过一天的激战，10月15日，广州商团的武装叛乱被彻底镇压了下去，这是许继慎第一次参加实战，他在战斗中表现出了令人惊叹的沉着与勇敢。这场战役是黄埔军校首树军威，黄埔学生过硬的军事素质、坚定的战斗意志，无不给人留下了深刻的印象。

1924年11月30日，黄埔军校第一期学生毕业，许继慎以出色的毕业成绩被派赴军校教导团第二团任党连代表。教导团发展很快，几个月后便扩大为几个师，到1925年10月，已经编成了一个军，即国民革命第一军。这是孙中山"用黄埔学生为骨干"建立的"决死之革命军"，尤其是在初期的教导团第一、第二团中，大多是优秀的共产党员和国民党左派青年，他们在战火的洗礼中快速成长为国共两党最优秀的将领，书写了中国 20 世纪崭新的军事历史。

 # 第一次东征

★★★★★

（24 岁）

1925 年 2 月，在中共的倡议和支持下，广东革命政府军队发起了讨伐军阀陈炯明的第一次东征。

陈炯明是孙中山被推举为临时大总统后一手提拔的粤军将领，参加过黄花岗起义、武昌起义、护法运动，先后担任过广东省省长兼粤军总司令、中华民国政府陆军部总长兼内务部总长等职务，由于反对孙中山的北伐主张，后被免职。1922 年，陈炯明叛变，炮击观音山总统府，迫使孙中山避难永丰舰（后改称"中山舰"）。1924 年末，陈炯明指挥部队向广州推进，企图彻底推翻广州革命政府。

面对危机，国民革命军内部却并不上下一心，驻粤各派军队的情况十分复杂，滇军、桂军、湘军、赣军、川军和本省驻军互争地盘，貌合神离，本来这次讨陈平叛的任务该由滇军担任，但滇军的杨希闵却拒不接受攻打陈炯明的任务，以至黄埔军校教导团这支新兵队伍不得不成为东征军的主力，走上战场来应对这紧张的局面。

1925 年 1 月，由黄埔军校教职员和第一届毕业生担任各级干部的两个新兵教导团成立，编制效仿苏联红军的三三制，实行党代表制。许继慎担任了连党代表，他

△ 中山舰

和连长利用各种机会对新兵进行训练，收效显著。

广东革命政府东征军总指挥部的核心由国共两党共同担任，总指挥是粤军总司令许崇智，蒋介石任总指挥部参谋长，周恩来任总指挥部政治部主任。东征军分三路向东江推进，右路为许崇智所部粤军一万余人，对手是陈炯明嫡系洪兆麟部一万二千余人所组成的中路纵队；中路是刘震寰所部桂军六千余人，攻扼守惠州的杨坤如部；杨希闵所部滇军三万余人则负责进攻左路林虎的部队。黄埔的学生军随指挥总部参加右路作战，许继慎在教导团二团。

2月3日，东征军由黄埔进发，当晚7时宿于太平市。2月4日，许继慎率部向当地群众展开宣传活动，除了宣传陈炯明叛党作乱，还宣传了东征军的纪律。此后，东征军势如破竹，直捣潮汕，以雷霆之势逼近东江重镇淡水，一路经过东莞、石龙、塘头厦、平湖、龙冈，深得百姓拥护。

2月14日，根据周恩来、蒋介石、苏联顾问加伦、粤军第二师参谋长叶剑英在龙冈确定的攻打淡水的部署，教导团由南面、粤军自东北面和西北面对淡水展开了三面包围的攻击。战斗打响后，许继慎带领士兵勇猛进攻，激战了三个多小时，敌人狼狈地退向城里。这场战斗，东征军俘获敌人旅团级军官十余名，击毙敌人一百多人，俘虏士兵一千多人。

2月15日，东征军进攻淡水城。淡水是东江的屏障，防御工事修得固若金汤，加之城四周是洼地，地势险要，易守难攻，还有洪兆麟部先头部队一个旅的兵力在城内固守待援，东征军当即决定，务必在敌人援军到达之前攻占淡水城。

拂晓时分，东征军以何应钦教导团第一团为主力开始攻城，许继慎所在第二团为总预备队，并负责经阻击敌人的后援部队。根据苏联顾问的建议，由十名营、连代表和一百名战士组成的十支"奋勇队"担任爬墙任务，在十名干部中，刘畴西、彭干臣、张继春、游步仁、李奇中、张隐韬、李汉藩、郑洞国都是共产党员，蔡光举、冷欣是国民党员。"奋勇队"从拂晓打到正午才攻入淡水城，"奋勇队"人员伤亡过半，蔡光举阵亡，刘畴西断臂。经过巷战，城内敌军全部缴械被俘。

就在第一团攻入淡水城的时候，敌人的后续部队赶到淡水城下，负责迎击这五千援兵的是教导团第二团。第二团团长、蒋介石在黄埔的"第一只手"王柏龄竟未战先怯，与敌人稍触即溃，慌忙率部逃跑。不少营、连长也跟着后撤。敌人凶猛推进，占领了淡水城外四五里的高地，在一片溃退中，许继慎岿然不动，和连长率领连队守住了阵地，压制住了敌人的进攻。随后，许继慎又跃出战壕，指挥全连抢占原团部所在高地。他视死如归的精神使全连士气大振，一次次挡住了十倍于己的强敌的进攻。在许继慎连队的影响下，一些失去指挥的连队也纷纷占据山头与敌人对峙。

攻入淡水城的第一团整理好部队又从侧面向敌人发动反攻，战斗一直持续到傍晚，敌军溃退四十余里，东征军将淡水城置于绝对控制之下。

这场战役，史称淡水战役。它为第一次东征取得胜利奠定了基础。黄埔军师生的表现得到了苏联参谋的高度赞誉。

临阵脱逃的王柏龄被撤了职，由钱大钧接任第二团团长。

2月17日，洪兆麟率领万余士兵进攻淡水城，教导团东进迎敌，双方在平山附近遭遇，敌军的进攻凶悍猛烈，许继慎沉着镇定，率队迎敌，敌人屡攻不下，全线后撤，教导团乘胜追击，击溃了洪兆麟部主力，此后，洪兆麟部再也没有能力重新组织战斗了。

2月22日，黄埔学生军到白芒花休整，许继慎随周恩来到平山开展宣传调查工作。

2月26日，学生军经海丰、陆丰进驻普宁、揭阳。出师不足一个月，黄埔校军便控制了整个潮汕地区。

陈炯明对洪兆麟部战败甚为不忿，孤注一掷，倾巢而出，进迫潮汕。教导团获知，前往迎击，双方于3月1日到达棉湖、鲤湖附近。

3月12日拂晓，棉湖战役打响，教导团第一团攻击正面之敌，第二团攻击敌人右翼。战斗从拂晓一直打到下午4点，由于第二团团长钱大钧行动迟缓，贻误战机，导致教导团一团伤亡惨重。敌军突破防线，直冲到团部指挥所附近。一团长亲率卫队进行反击，虽然击退了敌人，但也付出了很大的牺牲。形势十分危急，奉命坚守阵地的许继慎和连长率全连战士狠狠打击敌人，使他们不能向前推进。与此同时，二团一营营长刘晓宸再也按捺不住，不顾钱大钧的命令率部出击，腹背受敌的敌军顿时陷入混乱，仓皇后退，妄图冲破二团的封锁逃走。许继慎和连长再次坚守阵地，痛击敌人，黄昏时分，在炮兵的火力支援下，敌军全线溃败。

这一仗，基本决定了东征的胜利，许继慎与曹渊在这次战斗中因功升任连长。

此后，教导团追击溃军接连取得胜利，第一团奇袭五华，疾进兴宁，第二团则协同陈铭枢旅进攻兴宁城，攻城战斗开始不久，第一团便赶到了，经过与第一团的协同作战，东征军彻底摧毁了敌军老巢，占领了兴宁。在这场战役中，许继慎率部奋勇攻城，表现尤为突出。

在兴宁举行过孙中山先生的追悼会后，东征军又进占梅县，进行警戒与整补。此时，通向陈炯明东江老巢的道路已全部打通，第一次东征胜利结束。

回到黄埔后，许继慎因功升任黄埔军校第三期入伍生总队第二营第六连连长，总队长是张治中。

第一次东征胜利后，广州革命形势仍然不容乐观，滇、桂两派军阀仍在粤驻扎，互相勾结，狼狈为奸。1925年5月，滇、桂两系军阀头目杨希闵和刘震寰邀约陈廉伯、陈炯明等反动势力在香港开会，妄图推翻广东革命政府，建立反动政权。杨希闵从5月中旬起便开始部署作战，在广州、佛山、韶关构建了一个完整的防线，对此，国民党的胡汉民、汪精卫等企图通过改组的办法妥协，遭到了对方的拒绝。倒是以廖仲恺为首的革命派和共产党站在了同一立场，力主讨伐。

接到反击命令的黄埔军校经过勘察研究，决定采取速战速决、各个击破的作战方针，先战滇军，再击桂军。6月10日，作战准备完毕，许继慎随部队开抵石牌，激战一昼夜，灭敌五六百人。11日拂晓，教导团同滇军展开战斗，许继慎带领连队如一支奇兵，突然出现在敌人后方，令敌军猝不及防，阵脚大乱。在海军炮击的协助下，敌军全线崩溃，学生军趁势猛追，将滇军彻底打垮。

到了7月份，所有参与叛乱的滇军、桂军基本都被肃清，革命政府转危为安。

战争胜利后，许继慎被调到黄埔军校第三期任学生队队长。

在第一次东征胜利及平定杨、刘叛乱后，根据中共的倡议，大元帅府正式改组为国民政府，同时成立国民革命军第一军，蒋介石为军长，周恩来为政治部主任，许继慎任第一军第三师第七团少校干事，党代表为蒋先云。

此时，摆在国民政府面前的首要任务，便是肃清陈炯明系叛军。

 # 第二次东征

★★★★★

（24岁）

1925年10月1日，国民政府下达了第二次东征的命令。蒋介石任东征军总指挥兼第一军军长，周恩来任政治部主任兼第一军党代表，东征军共分左、中、右三个纵队，许继慎所在的第三师属中路，由何应钦指挥，任务是攻取惠州及陈炯明老巢海陆丰地区。

惠州地处险要，号称东江锁匙，自古便是兵家必争之地。陈炯明的部下杨坤如带领三千人的英式装备部队在此严防死守，攻克惠州成了第二次东征最大的难关，甚至可以说是成败的关键。

10月13日，求胜心切的蒋介石指挥士兵强攻，一会儿工夫就阵亡了五百余人，其中还包括一名团长，但却无一人冲到城墙下面。这时，许继慎主动请求去当敢死队，周恩来经过思考，结合苏联顾问的建议，向蒋介石提出改变攻城方案，应先对惠州城重点区域施行炮击，摧毁敌人的重机枪阵地，掩护步兵进攻。

14日，许继慎与蒋先云各带一支敢死队在炮火的掩护下强行登城，身边的敢死队员们纷纷倒下，许继慎按捺住悲伤，凭着娴熟利落的战术动作爬上城墙。城内守军没料到有人能强攻上来，顿时乱作一团，城下部队趁机冲入城中，同敌军展开巷战，到了下午6时左右，守将杨坤如负伤逃跑，城内守军也随之纷纷溃散，惠州城终于为东征军攻克，这是第二次东征决定性的一场战役。

战后，许继慎看到城下血迹斑斑的衣帽鞋子，还有排成长阵的死者棺木，心里非常难过。三日后，蒋介石、周恩来集合全体部队，向阵亡战士志哀，向许继慎等攻城勇士致敬，并宣布，由于蒋先云在攻城时负伤，任命许继慎为第七团代理党代表。

攻占惠州后，东征军继续进军潮州、梅县，直捣陈炯明老巢。21日，东征军进占河源。22日，许继慎率部随军占紫金、五华。

27日、28日，他又率部参加河婆之战，大破敌军一万余人。其后不久，他们遭遇了陈炯明部下林虎带领的一支从华阳赶来增援的主力部队。当时，由于担任右翼警戒的第三师战斗力不强，被敌军击溃，导致敌军部队逼近东征军指挥部。指挥部的高级指挥官只有蒋介石，护卫连的连长是陈赓。蒋介石眼见第三师溃败，其他不明就里的东征军也跟着潮水般地从门前撤退，不由得慌了起来。这时，许继慎率领两个连队前来增援。他骑在马上大声呼喊，遏止士兵们向后跑，并拉回了一个脱去军装想要逃跑的团长。由于他在黄埔军官中威信较高，许多士兵都转回来跟着许继慎同敌人拼杀，敌军见势不妙，赶快撤走。此

▽ 东征军攻克惠州后在北门下的纪念留影

时，陈赓已带着蒋介石向周恩来所在的一师转移。事后，许继慎对自己的功劳闭口不谈，是蒋先云向周恩来作了如实汇报，才将这件事传扬开去。到了11月底，整个东江地区的敌人基本被肃清，陈炯明叛乱被平定了。

东征战役打出了黄埔军校的军威。东征胜利归来后，许继慎与他在黄埔军校医院结识的护士谭冠玉正式完婚。此时，他精神抖擞，踌躇满志，一心想做好革命事业，不料蒋介石却已在暗中谋划如何将这支威名赫赫的革命军队纳入囊中。

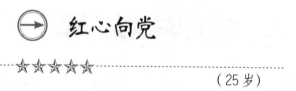

红心向党

★★★★★

（25岁）

两次东征胜利后，革命形势一片大好。可是，以蒋介石为首的国民党右派排共、限共的意图越来越明显，尤其是在黄埔军校内部，青年军人联合会的发展大大超过了孙文主义学会，这引起了他们的恐慌。

孙文主义学会是第一次东征后成立的，骨干包括贺衷寒、曾扩情、冷欣、王柏龄等人，其中贺衷寒和曾扩情日后成为了蒋介石所倚重的十三太保，他们以反对共产党、反对三大政策为宗旨，经常站在青年军人联合会的对立面发表言论，双方甚至发生过摩擦。在无数次斗争中，许继慎始终以一名共产党员的自觉与国民党右派分子斗争。一次，一个右派分子利用孔子学说歪曲孙中山的三民主义，说孙中山被共产党蒙蔽，共产主义不适合中国国情，许继慎机敏地反驳道：你们想用上海流氓绑票的方法将孙先生押进孔庙，孙先生在黄泉之下也要起来和你们作斗争！他的话赢得了一片掌声，后来，青年军人联合会的人还根据许继慎的发言画了一幅漫画，图为戴季陶背着一座中山先生的塑像，吃力地走向阴森破败的孔庙，旁边站着的帝国主义、军阀官僚、土豪劣绅纷纷拍手称快。张贴在校内，对右派分子做了无情的揭露。

在与共产党员的斗争中，国民党右派始终处于劣势，这使得蒋介石忧心忡忡，再这样下去，将来整个国民革命军都会变成共产党的军队，这也使得蒋介石下定决心，要用阴谋手段削弱共产党的力量。

1925年11月，蒋介石在潮州西湖公园召开了全军连以上军政人员联席会议。会上，他借口北伐要先统一军内思想和行动，要求把所有在黄埔军校和军队内的共产党员、所有加入国民党的共产党员的名字都告诉他。早有准备的贺衷寒等人也纷纷发言响应他。周恩来看在眼里，急在心上，作为中共在黄埔的最高领导，他必须维持国共合作，此时他不便也不能与学生们争辩，可有谁能代替他讲出党的观点呢？在这关键时刻，许继慎和蒋先云挺身而出。

蒋先云先表明了自己的观点：我是共产党员，但我绝不退党。他同时也声明共产党是真心支持孙中山的三民主义的，应该坚持国共合作。许继慎紧接着发言，他摆事实讲道理，说明青年联合会的成员如何对革命忠诚勇敢、满怀热忱，讲到激动处，他指着蒋先云说，他在第一次东征时两次负伤，伤痕犹新。共产党员唐同德同志身为营长，浴血奋战，冲锋在前，牺牲在战场上，共产党员的连排长牺牲得更多，可国民党的某团长（即王柏龄）却在炮火前吓破了胆，临阵脱逃，这就不仅是勇不勇敢的问题，而是忠不忠诚的问题。最后许继慎高声说道："我荣幸地宣布，此人既不是共产党员，也不是青年军人联合会成员。"话音出口，全场响起一片掌声。他的话得到了很多人的认同，使得蒋介石不得不匆匆散会。

会后，周恩来在汕头召开连以上共产党员干部会议，指出潮州会议是分裂的预兆，嘱咐党员们切不可对此掉以轻心，要警惕国民党右派叛变革命。他还表扬了蒋先云和许继慎，说他们不仅作战勇敢，还善于进行说理斗争。会后，众人的心头笼上了一层阴霾。1926 年 2 月，许继慎按照周恩来的指示特地回到家乡，发展弟弟许希孟及李童、王子久等进步知识分子入党，建立了土门店党小组。党小组成立不久，许继慎回到广东，弟弟许希孟担任了党小组的组长。这个党小组在日后的皖西土地革命中作出了重要贡献。

1926 年 3 月 20 日，中山舰事件爆发，蒋介石借口当时任中山舰舰长的共产党员李之龙不服调遣，污蔑共产党阴谋暴动，妄图推翻广东革命政府。他调动军队宣布戒严，断绝广州内外交通；逮捕李之龙，扣留中山舰及其他舰只；包围省港罢工委员会和广州东山的苏联顾问住所，收缴了卫队的枪械。对此，毛泽东、周恩来等人坚决主张反击，但陈独秀却一味妥协，使得蒋介石变本加厉，将党权、军权全部揽在手中。他强行解散了黄埔军校青年学生联合会，强迫黄埔军校及国民革命军中以周恩来为首的共产党员退出第一军，还威逼利诱共产党员放弃党籍。气愤的许继慎在蒋介石召开的军事干部会议上大声宣布：我是共产党员，永做共产党员！

由于身份暴露，许继慎不得不离开黄埔军校。他与许多同被排挤出黄埔军校和第一军的同学来到了周恩来在广州大佛寺主持举办的高级政治训练班。周恩来为班主任,许继慎任第二大队大队长。为安定党员的情绪,统一大家的思想,许继慎做了大量工作,他鼓励学员们学好革命理论,坚定革命信念,他说,中国革命只要走十月革命的道路,就一定能成功。他的话使学员们备受鼓舞,他们以新的战斗姿态投入到各自的学习工作中去。

更让许继慎欣慰的是,他们享受到了极高的政治待遇,周恩来、邓中夏、彭湃、苏兆征、恽代英、高语罕(后为托派)、张国焘等党内著名人物都来给他们讲过课。

中国共产党在经历了两次东征战争,特别是经历了中山舰事件又遭国民党反动派的排挤压迫后,意识到拥有独立武装力量的重要性,便开始着手建立以共产党员为骨干的由党直接领导的革命军队,这一举动直接催生的是在北伐战争中为国民革命第四军赢得"铁军"称号的叶挺独立团。独立团由省港罢工的工人铁甲队扩充而成,1925年年底在肇庆成立,由叶挺担任团长。1926年,许继慎调任独立团第二营营长。叶挺与许继慎这两位军事天才的相遇,让炮火纷飞的北伐战争不只有血与火的色彩,更多了不少传奇般的壮烈激扬。

北伐路上的铁血先锋

(1926-1928)

→ 铁军悍将

★★★★★
（25 岁）

东征胜利后，广东国民政府最大的敌人就是割据在北方的诸派军阀了。当时，北方军阀有三大派系，直系军阀吴佩孚拥兵三十万，占据了湖南、湖北、河南三省和陕西东部、河北的一部分；从直系中分化出来的孙传芳拥兵二十万，据江苏、安徽、浙江、福建、江西五省；奉系军阀张作霖拥兵三十五万，控制着东北三省及京津地区，还有些小军阀控制着本省或本地区，推翻军阀、消除割据、实现统一是广东国民政府最急迫的任务，北伐势在必行。

1926 年春，国民政府开始北伐，北伐军分东西两路，西路直扑武汉地区，东路则以南昌、上海、南京为行动方向。独立团在建制上属国民革命军第四军第十二师。团长叶挺是老资格的国民革命军将领。早在陈炯明叛乱时，叶挺就是孙中山总统府第二营营长，曾坚守总统府抵御数倍于己的敌人，为掩护孙中山突围立下赫赫战功。

7月1日，叶挺独立团挺进安仁，与第八军会师。此后的战役连战连胜，7月10日占领了株洲、醴陵，12日攻入长沙。在占领浏阳后，为加强党对独立团的领导，周恩来、聂荣臻等派了三十多名营、连、排干部到独立团工作，其中就有许继慎。他们受到了叶挺、曹渊、周士第、卢德铭、陈赓等人的热烈欢迎，许继慎被任命为参谋长，不久后改任第二营营长。独立团共有三个主力营，一营长是曹渊，三营长是肖若定，团参谋长则是周士第，许继慎与他们都不陌生，尤其让许继慎高兴的是能与叶挺共事。许继慎早就听说过叶挺，见到叶挺后更是对他十分佩服，而叶挺也对这个在东征大小战役中功劳卓著的年轻人青睐有加。他们志同道合、意气相投，在北伐战争中叶挺独立团被打造成了名声响亮的"铁军"。

许继慎到任后，首先面对的问题即是如何渡过汨罗江，占领平江县城。平江县城是一座天然堡垒,南面的汨罗江是一道天然防线,东面山岭连绵。鉴于它"平江失则岳阳不保,武汉亦危"的重要战略地位,吴佩孚派麾下的精锐旅长陆沄在此布下一万重兵,牢筑阵地,广布防线。

当时,国民革命军第四军、第六军、第七军、第八军陆续向浏阳集结,独立团也需要进行为期一个月的休整。利用这段时间,许继慎派人对汨罗江进行了多次侦察,从上游到下游,来回反复,不厌其烦。他还派人化装成普通百姓进入平江城,画出了简略地图。

在搞好侦察工作之余,许继慎不忘保证党对军队的绝对领导,他将二营中的共产党员召集到了一起,成立了党小组,自己担任小组长,重大事宜都需经过党小组的集体讨论。

此外,许继慎还抓紧一切时间学习,叶挺精于《孙子兵法》,组织大家学习,许继慎学得很认真,还时常向叶挺请教。一段时间后,许继慎已经深得《孙子兵法》的精髓,将它烂熟于胸了。

8月19日,独立团离开浏阳来到了平江城外,他们的任务是协助第四军、第六军、第七军和第八军,需要渡过汨罗江,绕到平江城的东北方,从侧后展开进攻。根据侦察员多日的周密调查,许继慎等人对敌人的防务进行了仔细的研究,谨慎地定下了进攻方案。根据叶挺的建议,独立团率先切断了守平江城的敌军退往通城的后路,并于18日黄昏隐蔽行进到上马铺附近,19日拂晓,独立团强渡汨罗江,悄无声息地绕到了平江城北门、南门，在机枪的掩护下开始猛烈攻城。

这是许继慎到独立团后亲历的第一场战斗。

战斗刚一开始，第二营率先出击，正在南门战斗的敌方守军没有料到北门会遭到袭击，猝不及防的敌军在二营凌厉的攻势下顿时惊慌失措，许继慎趁机摧毁了敌人设在城郊的堡垒，敌军纷纷向城里溃逃，独立团迅速追击。与此同时，南面和西面的部队也加紧攻城，枪声震天。许继慎率领的第二营在城下消灭了陆沄的预备队后，又直接冲进了敌军的司令部。陆沄带着一百多人的卫队负隅顽抗了一阵，自觉不敌，遂拔枪自杀。群龙无首的敌方守军立刻溃不成军，北伐军趁势猛攻，迅速占领了吴佩孚号称"攻不破"的平江城。这是北伐开始以来规模最大、战斗最激烈、俘虏敌人最多的一场战役。

战后，许继慎进行了深刻的反思，他在《平江战记》一文中写到：在东征的几次战役中，还没有真正懂得什么是战争，而在这次北伐战争中，团长和全团官兵替他上了一次战斗课，使他真正懂得了"两军相对，勇者为胜"的真理。步兵操典上说"万众一心"，只有共产党领导的部队才能做得到。对于团长叶挺，他认为是未来的无敌将军，现在的铁人。通过平江战役，许继慎从团长叶挺身上看到了一个真正军事将领的典型形象，他把叶挺视为楷模，时时效仿，在以后的战斗中也同样按照叶挺的形象来要求自己。

平江战役后，以独立团为先锋的西路军一路向北，在占领了岳州和通城后，继续向北进击，直取武汉。

吴佩孚被北伐军的攻势搞得手忙脚乱，他匆忙调集部队，在北伐军进攻的路线上建立防御阵地，他首先选择的地点便是汀泗桥。

汀泗桥位于湖北省咸宁境内，桥头有座小集镇，该处地势险要，易守难攻，汀泗桥的西面、南面和东南面都是沼泽或者湖泊，北面和东面则是山峦，桥下的汀泗河一到夏季便河水暴涨，整座集镇只有顺粤汉铁路南北走向的汀泗桥可以沟通南北。自古以来，这里不仅是交通要道，还是军事重镇。

吴佩孚对这一仗十分重视，从他在汀泗桥安排的兵力就可以看出来。这里不仅集结了其他战线的部队，还有驻守在洛阳军官学校的六千多名久经沙场的校尉级军官，这个超级军官团仅拥有的火炮就有数十门，还有六十多挺机关枪。他还把亲卫队大刀队派来督战，并准备"即日亲率大军南下"。

北伐军抽调攻打汀泗桥的兵力约有万余，除叶挺的独立团外，还有缪培南、黄琪翔、范汉杰、蔡廷锴等人率领的部队。指挥这一战役的是第四军副军长陈可钰。

8月26日，北伐军对汀泗桥发起进攻，独立团被留作预备队。战斗刚开始，负责进攻的左右两路部队便被汀泗河的河水拦住了道路，反遭汀泗桥守军的炮击。进攻部队刚一停下，敌方由上千人组成的奋勇队便冲了过来，直打到陈可钰指挥部附近。眼见形势危急，叶挺独立团立刻投入战斗，许继慎率领的第二营同占优势兵力的敌军进行了近18个小时的激战，终于使敌军退回汀泗桥，继续以火力封锁铁路桥，两军变成了隔河对峙的胶着状态。

面对此种情况，许继慎与叶挺商量，虽然汀泗桥只有一面通路，但根据村子里的老乡介绍，东边大山上有条小路可以绕到汀泗桥东北面的鼓塘角，从那里进攻，天险汀泗桥即日可取。叶挺闻言大喜，立刻写了报告，请军部同意这一迂回之策。军部同意后，叶挺回到团部，向全团做了动员，要求党员发挥先锋模范作用，务必完成战斗任务。

8月27日凌晨，独立团在老乡的带领下来到了鼓塘角，凌晨5点，蓄势已久的独立团战士们向敌人发起了猛烈进攻，敌军突遭袭击，慌作一团，很快便全线溃退，向咸宁城逃窜，许继慎率领第二营冲向铁路，一举占领了汀泗桥。

攻克汀泗桥后，其他部队都开始休息整备，只有叶挺命令独立团继续向北追击溃军，许继慎率领的第二营是前锋，二营一路俘虏敌兵、缴获枪械，直到咸宁城西南。咸宁城外大水泛滥，一片汪洋，许继慎见溃逃的敌人正在城外的山上和铁路桥头修筑工事，人来人往乱成一团，便赶快向叶挺报告：现在咸宁城的敌军十分混乱，铁路可以通过，请速令机枪连来掩护我营冲过去。叶挺赶到前边一看，立刻从机枪连调来六挺重机枪，命令许继慎先冲过去，自己亲率一营、三营和特别大队随后跟进。许继慎领了任务，对全营做了简短的动员，还下了一道死命令：一直向前冲，占领对岸敌人的阵地，只准前进，不准后退，党团干部必须冲锋在前！在机枪的轰鸣声中，许继慎率领全营官兵顶着敌人的枪林弹雨勇猛冲击，攻到了铁路桥前。这时，敌人的交叉火力织成了一道火网，二营的战士们死伤枕藉，纷纷倒进水里。许继慎无所畏惧，毫不退缩，率领二营的官兵不断进攻，战士们前仆后继，连续冲锋，终于撕开了敌军的火力网，冲过了铁路桥。敌军见状不妙，又一窝蜂地逃亡贺胜桥。8月27日上午，独立团占领了咸宁城。入城时，叶挺接到了吴佩孚已亲临贺胜桥防御阵地指挥督战的消息，不由暗道一声侥幸，咸宁城古来便是军事重镇，险要难攻，若被敌人的援军据守，想破城恐怕得付出相当大的代价才行，幸亏许继慎等将士抓住了这稍纵即逝的战机，在攻下汀泗桥后立即占领了咸宁。

第四军军部代表表彰了叶挺、许继慎等将士，说他们"具有军事天才，能见机进取"，而叶挺也在给中央的报告中给了许继慎极高的评价，许继慎以他的能征善战、勇迈绝伦赢得了独立团全团士兵的敬重和拥戴。

 ## 攻占武昌

★★★★★

（25 岁）

汀泗桥的失败使吴佩孚怒火冲天，他不顾一切地打出底牌，将全部家当压在了贺胜桥。

贺胜桥距咸宁仅 20 公里，也是一座铁路长桥，依山跨河，地势之险要与汀泗桥不相上下。如果攻下了贺胜桥，到武昌的百余里中则无险可守。换言之，贺胜桥已经是通往武汉三镇的最后门户了。

吴佩孚汲取了汀泗桥的失败教训，不仅在前沿阵地筑起了三道纵深达十余里的防线，还在阵地上筑起了环形防线，使阵地间能互相照应，防止北伐军采取迂回及夹击的战术。准备就绪后，吴佩孚信心满满，亲自督师，还警告部属，谁后退就砍谁的头。

北伐军面临着一场硬仗。

攻击贺胜桥的北伐军总指挥是李宗仁。根据敌军正面狭窄、纵路较深的特点，他决定派一支部队先从正面进攻，其他部队随后跟进，运用连环不断的梯次冲击来捣毁这三条防线。

担当正面攻击的正是第四军独立团，许继慎率领的第二营负责从铁路西面进攻。独立团党支部认识到了贺胜桥之战的重要性，特地开会讨论，决定对策。会后，许继慎又回到第二营召开了党小组会，强调贺胜桥这场战役是关键的一战，要求全体党员坚决完成党交予的战斗任务。许继慎还对全营战士进行了战前动员，战士们纷纷表示，在战斗中只进不退，不怕牺牲，坚决服从命令，一定要攻破贺胜桥，打垮吴佩孚。

8月29日晚，许继慎率第二营行进至距敌方阵地仅百米处停下，他示意战士们潜伏在树丛中，自己则一边观察敌情，一边与连、排长确定了进攻路线。30日凌晨4时许，天刚破晓，晨光熹微，敌我双方已隐约可见，敌人不断向二营战士潜伏的地方射击，造成了不少战士的伤亡。距离预定的总攻时间还差一个小时，许继慎看看表，又看看伤亡的战士，他认为不能再等下去了。

他给第二营全体战士下了冲锋的号令。

△ 叶挺

叶挺将全团的机枪拨给了许继慎，在这些机枪的掩护下，战士们一跃而起，奋勇冲锋，很快便与前来救援的三营会合，攻占了贺胜桥外的桃林铺。

各路部队的进攻随即打响，敌军的炮火异常猛烈，但北伐军将士以悍不畏死之势奋勇向前，势不可当。许继慎指挥的第二营进攻最快，直冲入敌人的纵深阵地，竟意外地发现了吴佩孚的指挥车。许继慎稍作观察，便决定以连为单位对敌人的守备部队进行分割包围。战士们慢慢向列车包抄过去，吴佩孚发现后大惊失色，急忙命令心腹干将刘玉春率领第八师进行反扑。第八师人多势众，装备精良，一下子就将孤军深入的第二营围了起来。许继慎并未惊慌，沉着冷静地指挥部队进行防御，暂时挡住了第八师的进攻。这时，一颗子弹射来，击穿了许继慎的肺部，许继慎的胸口顿时血流如注，几个战士要过来抬他，许继慎坚决不允，继续指挥部队抗击敌人。

随二营一路跟进的叶挺很快发现了许继慎的困境，当即命令一营长曹渊率兵解围，抢救许继慎。许继慎重伤不下火线，依旧坐在担架上指挥战斗，战士们奋勇拼杀，终于胜利突破了敌人的防线，将战线推进到贺胜桥南端。敌军败相已现，再也无力阻挡北伐将士的进攻，上万名敌军纷纷溃退，即使吴佩孚派督战队以大刀、机枪残杀溃兵也无法阻止。数万人乱哄哄地夺桥逃命，无数具尸体堆积在了贺胜桥和铁路两侧。时近正午，独立团占领了贺胜桥，打开了通往武昌的最后一道大门。

战后，叶挺对许继慎赞赏有加：贺胜桥战斗前后阶段，就是第二营在指挥我，而不是我在指挥他们。

在贺胜桥惨败的吴佩孚狼狈地逃回武昌，由于北伐军没有及时地乘胜追击，使得吴佩孚有了充裕的布防时间。他让心腹刘玉春和湖北督军陈嘉谟一起死守武昌，又调了刘佐龙师和高汝桐师分守汉阳和汉口，自己则坐镇汉口，等待孙传芳出兵参战。

9月1日，独立团到达武昌城郊，许继慎带伤参战。

在9月3日正面进攻失败后，北伐军指挥部决定组织一个营的奋勇队担任登城先锋，另组织一个营随后进行梯次冲击。叶挺领受战斗任务后回团传达，许继慎和曹渊都认为不需要打乱建制重新选配奋勇队，可以指定一个建制营直接担任此项重任，叶挺高兴地表示自己也是这样想的。可是，许继慎和曹渊又都争着要担任奋勇队队长，叶挺考虑到二营在贺胜桥战役中伤亡很大，所以决定让曹渊带领一营担此重任，许继慎带领二营为拥进队，三营和特别大队为预备队。

9月5日凌晨1时，曹渊率领第一营向武昌城进攻，战士们冒着枪林弹雨冲到城墙下，竖起云梯登城，并与敌人展开肉搏。但敌军占尽优势，攻势一次次被击退。由于其他各团进攻不力，使得敌人几乎是集中全部兵力来对付叶挺独立团。一营从凌晨战至拂晓，全营伤亡殆尽，营长曹渊壮烈牺牲，时年25岁。

许继慎惊闻噩耗，失声痛哭，硬是从担架上坐了起来，急声叫人去抢回心爱战友的遗体。叶挺也同样悲痛欲绝，他赶紧派人把许继慎叫回来，告诉他，由于一营的重大牺牲，战略上已由攻城转为围城，许继慎这才退出战斗，到江北汉口医院接受治疗。9月6日，刘佐龙反正，协同北伐军攻破高汝桐阵地，占领汉阳。9月7日，北伐军占领汉口，吴佩孚退驻孝感，武昌城与外界的接济完全断绝。9月中旬，北伐军击溃孙传芳的援军，对武昌进行了全面的封锁。此后，飞机每天都对敌人进行轰炸，炸毁了敌人的炮兵阵地、司令部，与此同时，攻城部队还开始向城内挖掘坑道。城内的守军犹作困兽斗，几次向外冲击，均被击退。10月10日，北伐军开始全面攻城，许继慎提前出院归队，带伤指挥作战，这对战士们鼓舞很大。攻城部队很快便破城而入，独立团也随后进城，在搜捕过程中俘获了主将刘玉春，随后陈嘉谟也被俘虏。至此，围困40天的武昌城终于被攻克。

在整个北伐战争中，独立团兵威将勇，屡战屡胜，功勋卓著，声名远播，尤其是汀泗桥、贺胜桥之役，成了整个北伐史上最光辉灿烂的一页，叶挺由此被称为北伐名将，独立团也为第四军赢得了"铁军"的称号，而叶挺、许继慎、曹渊则被人们称为"铁军中的铁将"。

保卫武汉

★★★★★

（26 岁）

1926 年冬，许继慎伤愈归队，恰好赶上武汉国民政府对国民革命军进行扩编，独立团扩建为二十五师，团长叶挺升任为新建二十五师副师长，独立团一部改编为该师七十三团，周士第为团长，许继慎升任为参谋长。叶挺还从七十三团调出许多共产党员干部分配给新建的七十四团和七十五团，为这两个团后来和七十三团一道参加南昌起义打下了坚实的基础。

1927 年春，叶挺调任第十一军副军长，兼任第二十四师师长，同时任武昌卫戍司令。二十四师辖下有第七十团、第七十一团、第七十二团，许继慎任主力团第七十二团团长。由于第二十四师是新建师团，团里并没有设立党组织，许继慎主动要求调去的党员要搞好党的建设，做好宣传与组织工作，创造条件，发展新党员。

1927年4月12日，蒋介石在上海悍然发动四·一二反革命政变，对共产党员和革命群众进行疯狂血腥的大屠杀。4月15日，广州也开始了逮捕与屠杀。熊雄、萧楚女等一大批杰出共产党员皆被杀害。在白色恐怖下，原定在安庆举行的国民党安徽省第一次代表大会被迫前往武汉，许继慎闻讯后前去看望参加会议的高语罕、光明

△ 反动派残酷杀害共产党人

甫、沈子修、朱蕴山、柯庆施等人，他们都是许继慎的旧交好友，他们在一起亲切交谈，许继慎毅然说道："既然中国军阀自恃武力，那么中国军队也必须有革命的武力，我愿为前驱，为中国革命披荆斩棘，开路前进。"

蒋介石在南京建立政权后，武汉革命政府仍以革命名义出现。武汉各地都掀起了讨蒋热潮。4月23日，武汉的军政学校各界举行了"讨蒋大会"，许继慎担任了安全保卫工作。大会由蒋先云主持，有四十多个团体、三十余万人参加。4月27日，许继慎又在中共第五次全国代表大会上担任了警戒保卫工作。此时，中共所面临的形势十分复杂。一方面，国民革命军仍在继续北伐，已进入河南，进攻奉系军阀张作霖，另一方面，蒋介石的南京政权依旧对中共党员进行抓捕屠杀，还对武汉政权虎视眈眈。他勾结国民革命军独立第十四师师长夏斗寅，指使其对武汉进行偷袭。5月17日，夏斗寅指挥的七个团和几支地主武装出现在纸坊，距离武汉城不足20公里，武汉城内民心惶惶，一些国民党军政人员也惊恐万分，认为武汉即将陷落，都慌慌张张地准备出逃。紧要关头，共产党人挺身而出，坚决主张迎击叛军，保卫武汉。当时，担任武汉警戒的是叶挺领导的第二十四师七十二团、第二十五师七十五团和由恽代英任党代表的中央独立师及第十一军教导营，而驻守在城内的只有许继慎领导的七十二团。由于时间紧迫，叶挺只得把打先锋的任务交给许继慎。

接到任务后，许继慎立即率领全团赶赴纸坊，面对占据优势兵力的敌人，全团战士毫无惧色，在许继慎的指挥下向敌人发起猛攻，攻占了纸坊车站和纸坊镇，阻止了敌人前进。18日拂晓，敌人集中兵力反击，许继慎为掩护后续部队集结，全力与敌人抗争，接连打退了敌人的几次冲锋。18日夜晚，叶挺率后续部队赶来，于19日凌晨开展全线反击。许继慎率全团冲锋在前，激烈的战斗持续了几个小时，敌军撑不住了，开始后退。许继慎指挥部队紧追不舍，惊慌的敌人疯狂射击，许继慎的小腿、腹部先后负伤，肠子都流出了一寸多，许继慎推开想给他包扎的战士，一把将肠子塞了回去，继续指挥战士们冲击。直到午后2时，夏斗寅部终于被打败，武汉转危为安。许继慎躺在担架上被抬回武汉时，他和他的战友受到了全城三十余万民众的夹道欢迎。许继慎的名字随着他的勇敢、豪迈、机智、沉着，风一般地传遍了武汉三镇。

 流亡岁月

★★★★★
（26—28岁）

1927年7月，武汉国民政府决定东征讨蒋，伤重未愈的许继慎随部队向九江进发。部队还没到达九江，七·一五事变爆发，汪精卫叛变革命，叫嚣着"宁可错杀一千，不可使一人漏网"，疯狂屠杀共产党人和革命人民，白色恐怖迅速笼罩全国，革命力量遭到了严重摧残，轰轰烈烈的大革命失败了。从此，中国人民陷入了十年内战的苦难之中，中国的革命道路变得艰难而曲折。

但是，中国共产党人和革命人民并没有被眼前的艰难困苦和反动派的血腥屠杀吓倒，他们从血的教训中清醒地认识到，离开了武装斗争就没有无产阶级的地位，就没有人民的地位，就没有共产党的地位，就没有无产阶级革命的胜利。自此，党走上了独立领导武装斗争的道路。

为挽救中国革命，7月下旬，由我党掌握和影响的军队迅速从各地向南昌集结。叶挺率领的国民革命军第十一军第二十四师等以"东征讨蒋"的名义离开了武汉，前往九江、南昌。7月底，中共中央军委书记周恩来赶赴南昌，决定举行南昌起义。获知起义消息的官兵们群情激昂，他们慷慨言道："军阀手中铁，工农头上血，现在是我们为革命牺牲的时候了，我们将抱定必死的决心去战斗！"

此时，在武汉保卫战中受伤的许继慎也在九江养伤，在获知起义消息之前，他先被反动派给盯上了。他的老上级、粤军将领张发奎投靠了汪精卫，他跑来游说许继慎，要许继慎脱离共产党，还许诺给他个独立师的师长干。许继慎想也没想，断然拒绝。在中国革命危机存亡的关头，许继慎以一颗赤诚之心捍卫了自己的信仰，表现出对党、对中国革命的忠诚。

听闻南昌起义的消息，许继慎热血沸腾，找到周恩来，不顾自己伤重未愈，坚决要求参加南昌起义，他还随部队到了南昌，与战友紧张地做着战斗部署。起义前夕，周恩来找许继慎谈话，告诉他，伤残未愈人员一律不能参加起义。虽然很失望，许继慎还是表示了理解，同时接受周恩来的私人委派，前往九江，联络聂荣臻策动第二十五师起义。

1927 年 8 月 1 日，南昌起义爆发，它是中国共产党直接领导的带有全局意义的一次武装暴动。它打响了中国共产党武装反抗国民党反动统治的第一枪，宣告了中国共产党把中国革命进行到底的坚定立场，标志着中国共产党独立地创造革命军队和领导革命战争的开始，并为创建人民军队打好坚定的基础。没能参加南昌起义被许继慎引为终生憾事。起义刚刚爆发，许继慎便离开了南昌，遵照党的指示经九江前往上海。在到达九江之前，许继慎遇到了老战友周士第，在他

△ 八一南昌起义总指挥部旧址

的帮助下，许继慎顺利地把消息传递给了聂荣臻，聂荣臻带着二十五师急速赶赴南昌，后来，这支被聂荣臻拉出来的部队几经改编、扩充，成为了中国工农红军的骨干力量。担任改编后二十五师师长的周士第在建国后成为了中国人民解放军上将，李硕勋、林彪也都是从这支队伍中走出来的。

1927年8月7日，中共中央政治局在汉口召开了紧急会议，会议总结了大革命失败的经验教训，纠正和结束了陈独秀的右倾机会主义错误，撤销了他总书记的职务，确定了以土地革命和以武装反抗国民党反动派的屠杀政策为党在新时期的总方针。这次会议史称八七会议，它是我党历史上的一个转折点，给正处在思想混乱和组织涣散中的中国共产党指明了新的出路，为挽救党和革命作出了巨大贡献。

听闻八七会议的消息后，许继慎十分高兴，他虽然在上海养伤，却时时刻刻想着要回到部队。8月中下旬，他接到叶挺的电报，要他火速归队，他大喜过望，立即赶去广东。但他未能追上部队，于是又辗转到了香港，找到了叶挺。生活困窘的许继慎受到了叶挺的许多照顾，他很快又回到了上海，听从党的安排。

南昌起义失败后，许多人都汇集到上海租界内党的秘密机关里，周恩来指示这些骨干回到地方搞工农武装。1927年10月，根据中央的指示，许继慎带领李坦、陶紫光、廖运泽、胡允恭等人秘密返回皖西，准备着手建立革命武装，不料被敌人发现，许继慎不得不返回上海，途经合肥时，许继慎找到了旧友童汉璋、范毓南等中共党员，组建了合肥党小组，属中共六安特区区委领导。此后，许继慎便一直在上海党中央中直小组工作，负责的是统战工作。

在上海，领导他的仍然是周恩来，协助他展开工作的是同乡朱蕴山。朱蕴山是老同盟会会员，1925年入党，参加过北伐战争、南昌起义。他在上海做统战工作已经有一段时间，社会威望很高，给了许继慎不少帮助。后来他因事离开，许继慎把统战工作做得更广，争取过来的不只有失意军人柏文蔚、袁子金、岳相如等，还有开明绅士王龙庭、李小南、李少川等，甚至连反动势力的何世桢、何世枚也争取了过来。由于许继慎的名气很大，许多党派都试图争取他。从国民党反动派到第三党派都有，可许继慎立场坚定，毫不动摇。他机智灵活地宣传党的政策和马列主义，揭露蒋介石党同伐异、背弃革命的罪行，使许多人认清了蒋介石的反动本质，转而投向革命。但是，在党内，许多同志却都不理解他，甚至对他猜疑和指责，许继慎对此默默承受，从不辩解，让许继慎没有想到的是，几年后，这些猜疑与议论会变成一条条确实的罪状，累得他降职、甚至被害。

1928年夏秋，豫南流匪李老末集结了一万余人，自称建国军，袭占皖西数县，是一支不可忽视的力量。这群流匪大多是破产农民和失业工人，了解底层人民的苦难。对此，党组织决定采取孤立上层、教育争取下层的政策，相机对这支队伍进行收编和改造。这个任务交给了许继慎。周恩来对他的指示包括：如果改编成功，即以其在大别山创建新的苏区。

7月底，许继慎返回故里，顾不得和家人叙旧便与弟弟许希孟开始商量工作。许希孟是当时六安县委独山区区委书记，他向哥哥介绍当地的工作境况道："青红帮和一部分土匪找我们接过头，我们答应到他们的势力范围内去组织农协，他们很欢迎，我看他们是有希望改造好的。"许继慎的心里稳了很多。正巧好友鲍传胪来看他，当许继慎得知鲍传胪的亲戚杨杰三恰好是李老末手下的头目时，他立即有了主意。在许希孟、吕大绶、周狷之、王子久、李童等地下党员的联合下，通过鲍传胪与杨杰三的关系，许继慎以探亲访友的方式同李老末进行了秘密接触，争取工作进行得很顺利。就在许继慎着手收编李老末股匪时，国民党第五十六师师长黄国梁得到了许继慎来皖收编李老末的消息，他怕这支农民武装落入共产党手里，便立即派了两个团把李老末武装消灭大半，还下令通缉许继慎、杨溥泉等人。鲍传胪从自卫队的亲戚程翘生那里听得消息，连忙赶到许继慎家通知许继慎赶快离开六安。许继慎稍作安排便离开了家，转赴上海。

　　1928 年夏秋之际，中央安徽省委临委负责人尹宽（后为托派）给中共六安县下了立即发动武装暴动的命令，以六安县委书记王逸常为代表的绝大多数领导同志反对这一决定，认为六安县并不具备武装暴动的条件，请省临委改变这一决定。但尹宽强令六安县委必须举行起义，并指责六安县委贯彻领导群众抗租反霸、争取群众的工作方针是"改良主义"。王逸常坚持要求将暴动的事报请中央批准，尹宽被迫报告给中共中央常委、中央军委书记周恩来。面对这种情况，周恩来让尹宽、王逸常等人到上海向党中央汇报。1928 年年底，尹宽、王逸常等人到达上海，周恩来立即召开会议，许继慎、柯庆施也到场参加。会上，王逸常将六安的情况作了详细汇报，在六安，党还没有掌握住武装的群众，打下地方武装的武器也多是大刀长矛，枪支很少，不能立即起义。许继慎也通过这两年往返六安的所见所闻，指出六安不具备举行起义的条件，敌我力量相差太悬殊，他说党必须以严肃负责的态度来领导人民群众的斗争，起义的目的是要建立革命根据地，而不是为了牺牲，革命当然要有牺牲，但是必须以最小的牺牲换取更大的胜利，大敌当前，如果一个领导人不顾革命成败，只是一味蛮干，那就是对人们的犯罪。周恩来在认真听取了汇报后，也肯定了许继慎他们的意见，批评了尹宽的错误思想，使得六安的党组织和人民群众避免了一场无谓的牺牲。

1929年，中央军委举办了军政干部训练班，由周恩来亲自主持，军事部参谋是曾中生和欧阳琴。许继慎、李荣桂、陶秉哲、孙一中等人参加了培训。训练班学习革命游击战争理论，研究各个苏区的情况，这对于许继慎在军事理论上的提高有很大帮助，为他日后到鄂豫皖苏区的工作指明了战略战术方针。

纵横鄂豫皖的天才将领

（1930—1931）

➜ 受任军长

★★★★★

（29岁）

1927年年底，黄麻起义胜利后，鄂东建立了革命委员会和工农革命军鄂东军。他们历经艰苦，四处转战，到了1930年初，已发展创建成以黄安为中心的鄂东军革命根据地。

1929年5月6日，周维炯等人举行了商南立夏节起义，随即建立了红军第十一军第三十二师，到1930年4月，以商城南部为中心的豫东南革命根据地已初步形成。

1929年11月8日，在中共中央六安县委领导下，六霍起义爆发，创建了红军第十一军第三十三师，到1930年4月，地跨六安、霍山和霍丘县部分地区的皖西革命根据地基本形成，与鄂东根据地、豫东南根据地成犄角之势，为党创建大别山武装割据的构想提供了实现的可能。

1930年2月，中共中央决定在鄂豫皖三省边区统一组建中共鄂豫皖边特别区委会。3月中旬，中共中央常委、军委书记周恩来在上海召集许继慎、郭述申、曹大骏、熊受暄等人开会，分析了国内形势，而后宣布了党中央的两项决定，任命郭述申为鄂豫皖特委书记，许继慎为红一军军长，徐向前为副军长，曹大骏任政治委员，熊受暄任政治部主任。

这一年，许继慎还不到30岁。

即将前往鄂豫皖了，朱蕴山、胡允恭等人来为许继慎送行。他们每个人都带着礼物，其中朱蕴山最多，他千方百计筹集了一万元，作为红军活动的经费。席间，众人把酒言欢，气氛很是热烈。酒过三巡，许继慎脸上泛着红晕，端起酒杯，悼亡在东征和北伐战役中牺牲的战友，对蒋介石、汪精卫等反动派对党和革命的血腥摧残义愤填膺，对根据地人们饱受压迫与残害悲愤不已，说到胞弟在六安独山起义中被敌人杀害、悬首示众时，他泪流满面。他说，自"四·一二"至"七·一五"，我党步步退让，却几乎被敌人逼入绝境，南昌起义，本想拼死一战，却未获参加，今日既获党的派遣，我当为革命、为死难烈士、为受害群众与蒋介石、与国民党决一死战，驰骋疆场，马革裹尸！豪言未罢，泪已落下，在场诸人无不为之动容。许继慎转身抱起幼儿，逗弄着说：民庆，为父将走，盼你快点长大，随父出征，消灭蒋贼，长大成人后，要为人民做事，切不可有半点儿欺压民众的行为。许民庆口中牙牙，似是应允，许继慎大笑，频频亲吻着儿子。

谁也没有料到，这竟是许继慎与儿子的最后一番对话，分别成了永诀，再见面已是天人永隔，许民庆只能望着烈士陵园里父亲的铜像缅怀先父。

1930年3月底，许继慎与熊受暄从上海起程，中央特科情报科科长陈赓亲自护送两位黄埔战友登上开往武汉的轮船。熊受暄是安徽省英山县人，比许继慎小两岁，1922年考入安徽省立一中读书，是许继慎的崇拜者。1924年考入黄埔军校第三期，成了许继慎的部下，在许继慎等同乡学长的引导下，他很快便加入了中国共产党，成为"青年军人联合会"的骨干成员。毕业后主要在国民革命军内担任宣传工作。大革命失败后曾回英山筹建党组织，1928年到苏联，是党的"六大"代表。此次党中央任命他协助许继慎前往大别山组建红一军，他欣然受命。

4月初，他们到达鄂豫皖根据地，与另途到达的郭述申、曹大骏等人会合，迅速开展了建立党的统一领导和整编红一军的工作。

郭述申是湖北孝感人，1927年入党，多次到鄂东北、鄂东南巡视，对鄂豫边区很熟悉。任政治委员的曹大骏是湖北阳新县人，大革命时期担任过湖北阳新县书记，1929年春被中央派赴鄂东巡视工作。

4月中旬，鄂豫皖边特区委员会和红军领导干部会议在湖北省黄安县召开了，会上宣布和讨论了中央的指示，组成了中共鄂豫皖特委和红一军前敌委员会，通过了改编红军的决议。根据中央的决定，特委由许继慎、郭述申、何玉琳、王平璋、徐朋人、徐向前、戴季伦、王秀松等十余人组成，郭述申任书记；红一军前敌委员会则由军长许继慎、政治委员曹大骏、副军长徐向前及各师师长和两名前敌士兵党员组成，由曹大骏担任书记。会后，红一军军部随即成立，设有政治部、参谋处、军需处、军械局、军医院。

会后，为把大别山的三支红军建成统一领导、统一指挥、统一行动的红一军，许继慎、曹大骏、熊受暄等人迅速开始着手对部队进行整编。

最先接受整编的是第三十一师，该师师长是徐向前，党代表是戴克敏。他们热烈欢迎许继慎等人的到来，表示坚决听从中央的决定，服从许继慎的领导。

这是许继慎与徐向前的初次见面，但二人的关系可追溯到黄埔军校时期。

徐向前是山西五台县人，与许继慎同龄，两人都是黄埔一期生。当时由于许继慎在二队，而徐向前在一队，且许继慎是共产党员，而徐向前不是，所以并不认识。第一次东征时，许继慎在前方打仗，徐向前在后方负责

△ 徐向前

勤务；许继慎参加北伐时，徐向前被派往河南安阳第二军第六混成旅工作；1926年许继慎作为第七十二团团长驻守武昌时，徐向前到武汉军校做了学兵队队长；大革命失败后，许继慎率部到南昌参加起义，徐向前则到广东参加广州起义。这些际遇使二人屡屡失之交臂，始终缘悭一面，但这并不影响他们一见如故，惺惺相惜。许继慎机智勇敢，英武豪迈，徐向前沉静稳重，刚毅坚执，二人很快便熟悉起来。

许继慎宣布了中央的决定，将第三十一师改

编为红一军第一师，副军长徐向前兼任师长，李荣桂为政治委员，辖五个大队，对外称团，全师共八百余将士，是红一军的主力师。

此时，红三十二师、三十三师在皖西活动，许继慎为了完成中央交付的整编任务，执行中央集中红军向外发展的方针，决定将红一师留在鄂东，向京汉线南段出击，自己则进豫东南的商南、皖西的六安整编红三十二师、红三十三师。

在出发之前，许继慎召开了特委和前委联席会议，分析当前形势，确定下一步行动计划。

当时，党内由李立三实际主持工作，他面对蒋介石、冯玉祥、阎锡山等军阀混战和革命形势恢复发展的国内形势，失去了冷静，认为中国革命的高潮就要到来，狂热地推行"左"倾盲动主义路线，号召全国红军向大城市进攻。3月18日，中央指示鄂豫皖红军的发展方向是"要向武汉发展"，22日再给鄂豫皖特委指示，要求其"加紧组织地方暴动与扩大红军，以争取武装暴动的胜利"，甚至提出"湖北省的首先胜利，就是全国总的胜利"。许继慎清醒地认识到国内的斗争形势，决定不对中央的指示盲从，但又要照顾中央的决定，于是下令先统一大别山的党、政、军各项事务，立足大别山东西方向发展，进一步巩固和扩大鄂豫皖根据地。面对众人的疑问，许继慎解释道，即便红一军三个师聚在一起，想要夺取中心城市也无异于以卵击石，只有巩固好根据地才能稳固出击。徐向前、熊受暄等人都支持许继慎的意见，但徐向前、郭述申对许继慎亲自去豫东南则有些担心，不止一路上有反动民团，第三十二师也让人摸不清底细。许继慎笑着做好了出行的准备，徐向前不放心，把红一师的手枪队派给许继慎沿途保护。

5月上旬，许继慎、曹大骏、熊受暄向豫东南进发。

一路上，许继慎想着怎样与第三十二师接触。第三十二师成立于1929年5月，师长周维炯是武汉中央政治军事学校成员，也是当初商南起义的主要发起者。副师长是漆德玮，党代表是徐其虚，漆海丰任参谋长。开会的时候，特委和前委中有一些人对第三十二师的意见很大，说他们中"流氓分子太多"，甚至双方还激化过矛盾。许继慎知道，这个问题光是听取意见是不够的，必须要客观公正地解决。

刚一见到师长周维炯，许继慎便相信他是个可以信赖的战友。周维炯才23岁，虽然有点孤傲倔强，但是性格爽直，有话就说，从不搞阴谋诡计。他对许继慎仰慕已久，早年平定夏斗寅叛乱时，他就在中央独立师里。

许继慎很快处理好了双方的矛盾，将第三十二师改编为红二师。因为他对周维炯的评价很高，准备另拟重用，所以只让周维炯在红二师担任副师长，漆德玮担任师长，政治委员是王培吾。红二师有四个团，六百余人。在组建好红二师后，许继慎又把当地游击队三百余人组成了红一军的独立旅，由廖业琪出任旅长，驻豫东南根据地坚持游击战争。

随后，许继慎率军部、红二师东进皖西，于5月23日到达了金家寨南。在这里，他们遇见了由六安县书记舒传贤亲自带队来迎接军部、接收改编的红三十三师。

许继慎与老同学、老战友舒传贤阔别已久，这次见面让两人喜出望外，稍叙别情后，舒传贤详尽地给许继慎介绍了皖西根据地的情况。这支队伍虽然自六霍起义后建立，但并没有出色的指挥人员，现在担任师长的是从政治部调来的姜镜堂。许继慎是认识姜镜堂的，他是黄埔三期学员，与熊受暄是同乡。

当日，许继慎主持召开了一军前委、六安中心县委及红二师、红三十三师师委联席会议，决定从红二师抽调105人与红三十三师合编为红一军第三师。师长是周维炯，副师长是肖方，政治委员是姜镜堂。红三师下辖两个团，三百余人。同时，许继慎又从原三十三师抽调一个连和六安、霍山的游击队组成中央独立第一师。师长是徐百川，辖四百余人，属六安中心县委领导。

至此，鄂豫皖边区红一军统一整编完毕，红一军共有三个师、一个独立师和一个独立旅，计两千一百余人。从统一、整编到创建，许继慎用了仅仅一个多月的时间。

红一军的组建是大别山工农革命史上的重大事件，它结束了三块根据地各自为战的游击时期，解决了鄂豫皖红军统一指挥、互相配合的问题，并且为克服宗派主义和狭隘的地域观念、提升战斗力及巩固发展革命根据地创造了极为重要的条件。红一军的建成，是鄂豫皖边区革命斗争的重要转折点，标志着该地区的革命斗争进入了一个新的发展阶段。

 征战皖西

★★★★★

（29岁）

　　1930年5月，以蒋介石为一方，冯玉祥、阎锡山、李宗仁为另一方的新军阀混战在冀鲁豫三省爆发，双方陈兵百万，疯狂厮杀，驻守鄂豫皖边区的警备力量大为削弱，这正是红一军向外发展的大好时机。对此，许继慎迅速组织好作战方案，决定以两个师集中行动，向六安、霍山等地区的据点发动进攻，恢复老根据地，发展壮大队伍。

1930年6月，许继慎指挥部队大举出击，接二连三地取得胜利。在流波疃，他取得了东征皖西的第一个胜利。流波疃是六安南山区一个繁荣乡镇，镇上盘踞着被国民党收编的土匪"老杨头"部六七百人。而红二师、红三师和教导队加起来才七八百人，硬碰硬地去消灭土匪是很吃力的，许继慎考虑到部队刚接受改编，战斗意志旺盛，求胜心强，用速攻迫近的方法一定能消灭敌人。战斗开始后，许继慎指挥红二师迂回到山上，压制了敌人的火力，让正面的部队封锁了敌人的碉堡，实施火攻，全歼敌人。接着，许继慎又率部攻打六安县七区麻埠，麻埠地区是六安重镇，四面皆山，镇内驻守着鲍刚部两千余人。许继慎召开了军、师两级干部会，决定采用分进合击的办法消灭敌人。清晨5时，战斗打响，许继慎率中路佯攻，命令左右两翼迅速运动，先后占据西香火岭和东香火岭，双方激战多时，红军消灭敌鲍刚部及民团一千多人，取得了红一军东征皖西的第二个胜利。

紧接着，许继慎又率部攻打霍山县城，歼灭敌地方武装千余人；而后于霍山东北下浮桥一带与敌新编独立第五旅激战，毙俘伤敌副旅长以下七百余人；此后，红军又不战而占六安独山、郝家集、西两河口等地。随着红军在军事上势如破竹，不断胜利，皖西根据地的建设也有了颇为乐观的发展，六安、霍山都成了赤区，其中霍山县是皖西的第一个赤化县。过去，红军曾经三次打下霍山，都因霍山的地形不利于防守而立刻撤走，这次，许继慎没有马上离开，他在城内驻留七天，配合地方党组织召开大会，发动群众，打土豪分田地，收缴枪支，扩建红军，建立苏维埃政权。6月中旬，驻守六安的国民党新编第五旅旅长潘善斋率主力前往霍山，许继慎指挥部队布下"口袋阵"将敌人的阵势打乱，歼灭副旅长以下一百多人，潘善斋扔掉一切辎重物资，狼狈逃回六安。

至此，红一军东进皖西作战便告结束，敌军在皖西的机动兵力损失过半，红一军解放了金家寨、流波疃、麻埠、独山、郝家集、西两河口、霍山县城、下符桥镇等重要城镇，使得六安、霍山的苏区连成一片，霍山全境都成了苏区。战后，红一军回到霍安城外整修，并对部队进行了扩编。

随着党内"左"倾路线的形成，许继慎不得不放弃向霍邱、寿县的进攻计划，于7月中旬率部进攻皖西南的英山县，这是红一军征战以来首次南下出击的重大战役。驻守英山县的敌军是唐生智部韩杰旅，有千余人，鉴于其与红军兵力大致相等，许继慎决定采取围点打援的战术，把敌人赶出阵地，在运动中加以分割围歼。由于许继慎指挥得当，红一军在这一战中全歼了韩杰旅。而许继慎运用的"围点打援"战术则作为成功的战斗范例载入了中国工农红军第四方面军战斗史册。

由于军阀混战，京汉铁路南段守备薄弱，许继慎抓准时机，迅速西进，部署副军长兼红一师师长徐向前率红一师向京汉线南段出击，一度攻下邓家垴车站。7月28日，又在花园歼灭钱大钧教导师第五团，俘虏团长以下一千四百余人。此时，红一师已扩展到近三千人了。

由于红一军在皖西和鄂东京汉线南段一带连战连捷，混战正酣的蒋介石也备感威胁，连忙调集河南地方武装戴民权部往京汉线南段护路，又调新编十四旅彭启彪部前往花园附近布防。8月21日，戴民权部一个旅来犯，徐向前率部转移，诱敌深入，于22日迎头反击，又逢许继慎率红二师、红三师赶到，从两翼包抄，歼灭敌军一个团的大部分，其余溃逃。23日，彭启彪旅分三路来犯，许继慎指挥军队将其中一路全歼后，其他两路不战自退。

从6月到8月，许继慎率领红一军在鄂豫皖根据地内纵横驰骋，在东征、北伐等战争中磨砺出来的许继慎尽情发挥着他出色的军事谋略和高超的指挥艺术，强壮机敏的红一军战士再也不是一听到枪响便趴在土里的农民游击队员，他们在大规模进攻作战的锻炼中飞速成长，短短三个月便攻克十余座城镇，歼敌七千余人。在部队作战的同时，许继慎还不忘对部队进行整顿、训练和扩充，全军从初建时的两千一百余人发展到五千多人，武器装备得到大幅改善，战斗力也提升很多，战术方面则开始由分散的游击战向游击性运动战转变。伴随着军事上的胜利，根据地也在迅速发展，皖西、豫东南的根据地基本连成一片，鄂东的根据地扩大到黄陂北部及孝感的大部分地区，许多地方成立了工农民主政府和苏维埃政府，并建立共青团、工会、农会、赤卫队、少先队、儿童团等群众组织和地方武装，有效地巩固和扩展着根据地。

 抵制"左"倾

★★★★★

（29岁）

随着全国各地革命根据地的发展壮大，"左"倾路线在党内占了上风，它坚持认为在全国举行武装起义的条件已经成熟，夺取一省或数省首先胜利即是向社会主义革命转变的开始。1930 年 6 月下旬，以夺取武汉为中心的全国总暴动和集中红军进攻中心城市的决议传达到了鄂豫皖。7 月，党中央派给红一军的指令中称，红一军发展方向是"帮助鄂中及京汉路的暴动，切断京汉路以迫近武汉"，并准备联合湘鄂西红二军、红六军等进攻武汉。1930 年 8 月下旬，"立三路线"贯彻到鄂豫皖，红一军前敌委员会同鄂豫皖边区特委合并，组成京汉行动委员会，提出"一支枪也要集中到红军中去"的要求，广征兵士，喊出了"打到武汉过中秋"的口号。

面对此种情况，许继慎是很冷静的，他在会议上指出，京汉路的敌人过于强大，强攻那里等于拿鸡蛋碰石头，当前的工作重心应是巩固鄂豫皖根据地，以支持长期的游击战争。熊受暄也是支持许继慎的。可惜会议的主动权并不掌握在许继慎的手中，经过一番激烈的争论，许继慎的主张并没被接受。会后，许继慎不得不发布了进攻京汉线的命令。

9 月中旬，许继慎率部离开革命根据地，由四顾墩出发，沿京汉铁路东侧北上。一路上，战士们都被"打到武汉过中秋"这个口号鼓动得很兴奋，可许继慎却忧心忡忡：论兵力，红一军虽然号称一个军，但实际兵力还不到国民党正规军一个师；论补给，红军没有根据地、没有补给线，部队自己携带的粮食和弹药仅够维持一个星期。稍微有点全局意识的人都看得出来，红军绝不可能打到武汉！但这既然是中央和特委、前委的指示，就必须要遵守，可同时也要谨慎考虑，怎样才能在持续攻击的情势下最大限度地保存实力！

红一军首先袭击的是湖北东部的广水车站。广水位于孝感和信阳中间，是山里的一座小城。许继慎察看地形时发现，南北敌军固然不便来援，但地形也对守军相当有利，何况敌人早知道红军要来，把工事直挖到外围。红一军包围广水已是9月中下旬，许继慎安排徐向前率红一师从北面发起攻击，漆德玮率红二师从南面攻击，军部率三师作为预备队居中调度。战斗从拂晓开始，奇袭转为强攻，敌人的火力密密麻麻地压向了战士们，红军战士们勇猛前冲，前仆后继，但因为缺少重火力的支援，阵地前死伤枕藉。许继慎见状立刻下令停止进攻，后撤回四顾墩。红二师回来得很快，红一师却因为接到通知迟，伤亡惨重，高汉初营长也壮烈牺牲了，恼得徐向前跟许继慎大吵了一架。

红一军攻克广水失利并未使京汉特别区行动委员会改变出击京汉路的决心，不久，红一军又接到了北上攻击信阳的命令。

9月下旬，红一军五千余人兵临信阳，趁夜色直取信阳车站。经过激烈的争夺，红一军以较大的伤亡代价将车站攻克。可许继慎的内心并没有轻松多少，信阳自古乃兵家必争之要地、重地，虽然城内的守备部队只有三千多人，且战斗力并不强，但信阳南北驻防部队的机动性特别强，半天之内即可驰援信阳，而且信阳城的四周都是开阔地，敌军的防御工事又十分密集，当年吴佩孚打了半年都没有打下来，红军怎么可能在短时间内将其攻克呢！

许继慎的眉头紧锁，他心里清楚，即便能打下信阳，红一军的将士也要折损过半。

是战，还是撤？

许继慎刚与曹大骏商量此事，就听到火车的隆隆响声，许继慎心头一震，之前让战士们去扒铁轨，可战士们没有经验，也缺少工具，致使现在载满援兵的列车直入信阳。他到窗口一看，阻拦列车的战士们纷纷倒在敌人的火舌下。许继慎心痛不已，当下心一横，下令让部队撤离信阳。

部队撤离信阳后，许继慎索性不再执行京汉路作战计划，他带领部队转向敌人的防御相对薄弱的豫东南地区。这片地区并不是红区，不仅地主武装特别多，老百姓也不理解红军。许继慎在兵困马乏的情况下以当谷山、新街为立足点开展军事行动，先后进占中山铺、辛嘉店、五里店、黄家院、羊寨斗、胡猪店、陡沟等地，并帮助地方组成正（阳）汝（南）游击队，还在陡沟建立一所随营学校。

10月初，许继慎毅然离开豫东南地区，南渡淮河，回到鄂豫皖根据地附近。

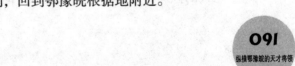

为从北面扩大鄂豫皖根据地，许继慎决定消灭在光山、潢川、罗山的敌人。10月4日下午，许继慎指挥红一军包围了光山县，黄昏开始攻城，周维炯指挥红二师在城东北的墙上炸开缺口，三师也相继攻破南门和北门，战士们拥进城内与敌人展开巷战，敌军开始溃逃。攻克光山县仅用了两个多小时，歼敌四百余人。战士们的脸上露出了笑容，红一军的士气又高涨起来。10月7日，徐向前率红一师强攻潢川，歼敌一个营后，强攻难继，便撤了回来，许继慎闻讯，亲率该师进攻罗山。10月8日晚到10月9日拂晓，罗山守敌全部被歼。至此，鄂豫皖根据地向北发展的堡垒已全被拔除，红军进入一种进可攻退可守的良好战场态势。

　　许继慎从京汉路撤军在今天看来是一个了不起的决定，他为红一军保存了实力。在"立三路线"在党内占统治地位的当时，全国各路红军都损失惨重，有的甚至全军覆没，而损失最小的只有两支队伍，一支是战斗在赣闽地区的毛泽东、朱德领导的红四军，另一支就是许继慎领导的红一军，可他的做法并未得到鄂豫皖的党组织和红军决策层的认可。

　　1930年10月，在光山县前委所在地，红一军第一次党员代表大会召开了。会议持续了三天，主要解决三个问题，其一是检查军部领导工作并改选前委，其二是反对山头主义等不良倾向，其三是对部队进行混编。郭述申和曹大骏坚持认为许继慎在出击京汉路期间犯了不执行中央指示的政治错误，有右倾机会主义的倾向。许继慎感到很委屈，但还是就一些问题做了检讨，可在撤军问题上，他仍然坚持道：以红一军的力量不仅完不成切断京汉路的任务，还会使红一军的作战与巩固根据地的任务脱节，若不是当机立断离开，红一军定会蒙受更大的损失！可惜被"左"倾路线蒙蔽的人们并没有听进他的话，党代表们纷纷在发言中指责许继慎出击京汉线作战不力、犯有英雄主义错误、独断专行、不把特委书记放在眼里……许继慎百口难辩。在其后的前委改选中，许继慎落选了，一同落选的还有支持他的熊受暄、漆德玮、周维炯等人。

多年后，徐向前坦言道："会议的方向是有问题的。大会正式通过的政治任务、组织问题、宣传问题、政治工作、拥护全国苏代会、拥护鄂豫皖边特区苏维埃等其中决议案，都是进一步贯彻'立三路线'的产物。"

会后，许继慎着手对红一军进行混编。

现阶段，红一军的三个师仍然保持原来鄂豫皖地区三支各自为战队伍的建制，貌合神离，地域观念明显存在，实战经验、战斗作风、武器装备也都不一样，许继慎想通过混编，使全军的力量均衡。

经过深思熟虑，许继慎将三个师混调编为

两个师，徐向前不再兼任红一师师长，李昂茨任军事参谋，曹大骏兼任政治部主任，熊受暄任前委秘书处处长。红一师师长是刘英，政治委员是李荣桂，下辖第一团和第三团，红二师师长是孙永康，政治委员是王培吾，下辖第四团和第六团。此后不久，军独立旅、黄麻补充营和独立第一师、独立第二师合编为红军第三师，肖方任师长。同时，军内各级党组织也健全起来，军有前委会，师、团有党委会，营、连有党支部，班、排有党小组，仅一师、二师中的党员就有一千二百多人。改编后，全军有六千余人。

光山改编对形成统一全军的领导、统一意志、统一作风、统一纪律及打破地方宗派观念等方面起了积极作用，但也带来了不少负面影响。不应有地伤害了部队中的一些领导骨干和出身于地主富农家庭的指战员。

光山改编是鄂豫皖边区革命武装由游击部队向正规部队发展的开始，对当时的革命战争发展有极为重要的意义。

光山改编后，红一军前委依然决定要继续夺取京汉线。所幸中央纠正"立三路线"的文件及时送到，文件中指出现在全国还没有"直接武装暴动的形势"，称当前根据地的中心任务是"集中苏维埃的领导，巩固根据地的发展"。信中还说，根据中央统一各革命根据地领导和统一整编红军为集团军的计划，鄂豫皖被划为全国六大根据地之一，并将原属鄂东特委领导的蕲春、黄梅、广济地区划归鄂豫皖苏区，中央将派来新的特委书记，命令红一军和活动于蕲春、黄梅、广济地区的红十五军合编为中国工农红军第四军。许继慎为红军的危机消除而高兴万分，完全忽视了特委和前委。虽然接受了中央的指示，却并没有否认光山会议的议定结果，许继慎等人前委委员的身份和被侮辱的名誉并没有恢复，而且信中依然强调"党内的主要危险是右倾机会主义"。

许继慎又忙起来了，信中派给红一军的任务虽然与许继慎回去发展鄂豫皖根据地的期待不符，但他仍然接受了——威逼武汉、牵制武汉反动军队，使其不能顺利进攻湘鄂赣的红军——这是配合江西中央革命根据地反"围剿"的斗争。

冲破"围剿"

★★★★★

（29岁）

蒋介石与冯玉祥、阎锡山的混战结束后，迅速组织起对革命根据地的大规模进攻，而且由过去几省军阀联合"会剿"变为全国统一组织的"围剿"。

蒋介石的首要目标自然是江西革命根据地。

11月5日，敌第三十师吉鸿昌率部开赴潢州、商城，戴民权部在京汉线东侧集结，第三十一师张印相部开赴罗山，夏斗寅的第十三师也散布于黄陂、麻城、黄冈一带，第二十军部郭汝栋部开赴蕲春、浠水，第四十六师范熙绩部在皖西"清剿"，新编第五旅潘善斋部则开赴罗田以防红军东进。敌人的如意算盘是，首先造成"围箍式"包围，第二步由主力突入根据地内，占领集镇，控制要点，与红军主力作战，第三步则分区"清剿"，消灭红军。各部队统限于 11 月 15 日开始"围剿"。

11 月上旬，许继慎率第一师、第二师由罗山南下，执行配合中央根据地反"围剿"的任务，准备向长江沿岸发展，打通与第十五军的联系。

11 月 11 日，红二师及红一师之一部向黄陂北

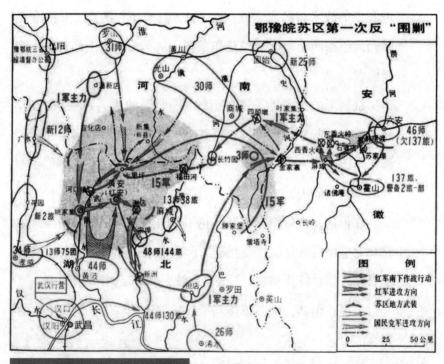

△ 鄂豫皖苏区第一次反"围剿"地图

面敌军第十三师第七十五团发起进攻，一番激战后，敌军凭坚顽抗，红军屡攻不克，于是撤出战斗，转道东北。13 日，红一师与敌第二十六师第二混成旅作战，也没有攻下。两次失利后，前委不再对战斗指手画脚，将指挥权交还给许继慎。

许继慎刚一接手，便力排前委强攻大镇的建议，于 24 日晚挥师突袭包围谢店，全歼夏斗寅第十三师补充团的一个营。30 日夜，许继慎根据地方党组织的情报，率部奔袭新洲，准备解决点军需问题，不料他们抵达新洲的时候，郭汝栋的第二混成旅刚刚开进城，许继慎立刻下令，趁敌人立足未稳，采取分进合击的战术将敌人全歼。这一仗，红军不仅缴获了大批枪支弹药，还搬回了大批的棉花和布匹，从军长到战士都有了一件新棉衣。

红一军的行动给了还在组织"围剿"的敌人以迎头痛击，敌人连忙调集第四十四师、第四十八师各一个旅和第十三师全部，企图南北夹击红一军。许继慎料敌先机，只在新洲停了一天便东移至但店。

在但店，许继慎向部队传达了党的六届三中全会精神，并召开七里坪紧急会议。会上确立了反"围剿"的斗争方针，成立了鄂豫皖临时特委和临时军委会，统一领导反"围剿"斗争。

也是在但店，许继慎接到了新任鄂豫皖特委书记曾中生的亲笔信。

许继慎对曾中生并不陌生，他是湖南人，比许继慎大一岁，

1925 年考入黄埔军校第四期政治科学习，同年底入党，在校时是"青年军人联合会"的中坚，参加过北伐，是个作战经验丰富的老军人。

信中，曾中生因为听从了郭述申带有错误和偏见的汇报，提出要红一军赶到黄陂、麻城一带保卫中心区域，因为敌人对鄂豫皖苏区的第一次"围剿"即将开始。许继慎经过仔细思量，做出了一个大胆的决定。

他决定再一次东征皖西！

由于红军出击京汉线，皖西空虚，敌军趁机反扑，仅在六安、霍山两县就杀害干部五百多名，群众近两万。皖西、商南、六安等地的党组织纷纷写信请求红军的支援。许继慎觉得眼下正是个机会。这个计划遭到了前委的反对，最后，写给曾中生的信变成了许继慎个人意见的汇报。

12 月 4 日，许继慎率领红一师、红二师由但店北上，直抵罗田，阻挡他的国民党军潘善斋部弃城逃跑，向红一军敞开了东进豫南、皖西苏区的大门。

12 月上旬，敌人集结八个师及三个旅近十万人的兵力自东西南北四个方向向鄂豫皖根据地推进，正式开始了"围剿"。

许继慎则组织鄂豫皖根据地内两万余武装力量，分设三路指挥部，展开了轰轰烈烈的反"围剿"。

12月12日，红一军进入皖西，便开始了连夜奔袭，战斗都是速战速决，打得敌人措手不及。13日晚，许继慎指挥全军隐蔽运动到丁家埠，亲自做战前动员，于半夜急行至金家寨，经过两个小时的激战，全歼守敌第四十六师一个营和民团共千余人，缴步枪千余支、短枪三百支、迫击炮两门。14日晚，金家寨人民举行庆祝红一军第三次打下金家寨的大会，许继慎、曹大骏、徐向前、熊受暄等受邀出席，在会上他们与乡亲们举杯畅饮，同贺胜利。15日，许继慎和徐向前指挥部队继续东进，日夜奔袭，以摧枯拉朽之势横扫顽敌。15日，在鹅毛岭击溃守敌一个营，缴枪百余支。16日，占领麻埠、独山、叶家集。18日，在苏家埠、韩摆渡等地歼敌第四十六师两个营。

12月19日，许继慎到达六安城下，挥师包围六安城，激战多时，攻城未克。许继慎下令撤师南下，逼近霍山。21日，将红一军主力集中于麻埠地区。29日，第四十六师分三路向麻埠进犯，许继慎以红一军主力埋伏于东西香火岭地区，经过一天激战，歼敌三个团，溃敌三个团，毙俘敌团长以下三千余人，缴枪一千七百余支、迫击炮数门和电台一部。香火岭战斗后，敌第四十六师残部退回六安、霍山城内，叶家集、金家寨的敌人亦慌忙向固始、商城退走。敌人在皖西地区的合围计划被粉碎。

1931 年 1 月 3 日，许继慎率红一师、红二师西返鄂东，发现敌三十师的一个旅正退往商城，便挥师追击，于商城四顾墩处截住逃敌，歼敌一个团，缴获山炮一门，枪四百余支。至此，敌人对鄂豫皖边区的第一次大规模"围剿"被彻底粉碎。

《红四方面军战史》对此曾做了高度评价："红一军连打香火岭、四顾墩两仗，对于反"围剿"的胜利，起了重要作用。"

在历时一个多月的反"围剿"斗争中，红一军先后歼灭敌方四个团、四个旅。击溃四个团另一个营，还消灭大量民团武装和零星小股部队，毙敌伤敌五千余人，缴枪近三千支，在这次反"围剿"的斗争中，红一军的作战形式由游击战转变为以运动战为主。

→ 再破"围剿"

★★★★★
（30 岁）

1931 年 1 月 15 日，红一军与红十五军在商南竹园会合，按照中央的指示，合编为中国工农红军第四军。军长是旷继勋，政治委员是余笃三，参谋长是徐向前，政治部主任是曹大骏。许继慎任第十一师师长，下辖三个团。这次职位调动并没有使许继慎伤心失落，对革命事业极强的责任感使他一如既往地贯彻执行特委的作战方针。

2 月初，第十师师长蔡申熙指挥部队攻下了新集。

这时鄂豫皖边临时特委召开了扩大会议，正式组成鄂豫皖特委和革命军事委员会，曾中生任特委书记兼军委会主席，许继慎继续当选为特委委员和军委委员。会议进一步纠正了"左"倾路线的错误,总结了第一次反"围剿"的斗争经验,制定了新的斗争方针。

在新集,许继慎见到了老朋友曾中生。两人经过一番长谈,在重大军事行动方面的认识取得了一致。

2月中旬,红四军召开党代表大会,传达贯彻了特委扩大会议的决议。许继慎出席会议,重新当选为红四军军委委员。许继慎常常是跨师指挥作战,成为红四军的中坚。

党代会结束后,红四军再向京汉线出击。许继慎率领红十一师向信阳以南进攻,他们的目的是扰袭、威胁敌人京汉铁路和重要城镇以达到诱敌出阵的目的,而后由军部率第十师从新集隐蔽出发,待机歼敌。

许继慎率先在全军采取了"飘忽战术",执行这一战术的是十一师副师长兼第三十三师师长周维炯。3月1日,周维炯率部夜袭李家寨车站,布置好伏兵。3月2日晨7时,当敌方兵车载着一个旅的兵力进站时,许继慎指挥部队猛攻。敌新编第十二师第一旅旅长侯镇华被当场击毙,该旅全部就歼。3月5日,许继慎又率部袭占柳林车站,并再度攻占李家寨车站,歼灭敌新编第十二师一个营，击溃两个团。

面对敌人各路大军按兵不动的状况，许继慎摆出强攻信阳之势，周维炯索性把三十三团分成许多路沿铁路推进，敌人果然上当，派出两路大军企图南北夹击红军。

3月8日，由孝感出发的敌岳维峻部第三十四师孤军突入双桥镇。红四军军部决定，由许继慎率第三十一团、第三十三团从东岸进攻，蔡申熙率第十师从西岸进攻，消灭这支部队。3月9日清晨，战斗打响，激战持续了七个小时，在群众和地方武装的协同支援下，红军部队一举突入双桥镇，歼敌第三十四师全部，俘敌师长岳维峻以下官兵五千人，缴枪六千多支、迫击炮十门、山炮四门。

双桥镇大捷后，许多青年都加入到红军队伍中来，特委将中央教导师改编为红四军第十二师。

为巩固根据地，特委决定除留下一部分兵力肃清鄂豫皖边区和商南的反动民团外，其余战力都南下恢复蕲春、黄梅、广济地区，以配合中央根据地的反"围剿"斗争。但是，这一计划还没来得及实施，敌人的第二次"围剿"就开始了。红四军不得不留在根据地内准备打破敌人的"围剿"。

3月中旬，敌人开始对鄂豫皖苏区布置新的"围剿"，蒋介石限令5月底完全肃清鄂豫皖红军。

敌人此次"围剿"布置得很周密，总投入兵力十三万余人，由三十师、三十一师、三十三师寻找红军主力作战，对红军进行

"追剿"，吉鸿昌任总指挥；而新编第二十五师戴民权部、第十三师夏斗寅部、第四十四师萧之楚部、第四十五师卫立煌部、第四十六师岳盛瑄部等多支部队组成各路堵击部队，配合"追剿"部队"清剿"。敌人的第一步计划是合击新集、七里坪，肃清鄂豫边红军，第二步则是转向皖西。

4月8日，敌军在根据地边沿展开了"清剿"。皖西的敌人趁红军主力不在，向皖西根据地发起猛攻。15日，敌军十五个团侵入麻埠，皖西告急。红四军遂决定先集中主力打击进犯皖西根据地的敌军。4月17日，军部率十一师和十师第二十九团、第三十团由商南向东开进，与红十二师会合后，隐蔽集结于豫皖交界处，伺机歼灭侵入皖西之敌。

4月25日，许继慎率红十一师与红十师围攻敌占独山据点，红十二师打击麻埠援兵。在西两河口、南岳庙、石婆店等地赤卫队和群众的支援下，许继慎率红十一师第三十三团和红十师第三十团于当日拂晓，分别在独山外围黄伯垸和马家大尖等地展开激战，歼敌一部。上午8时，红二十九团自三里岗直扑独山，经过四个小时的战斗，全歼独山守敌一个多团，毙伤俘敌两千余人，

纵横鄂豫皖的天才将领

缴枪一千二百余支。麻埠、诸佛庵守敌纷纷逃往霍山，皖西被敌进占的村镇全部收复。

到了5月初，敌人第一步"肃清"鄂豫边红军的计划宣告失败。

不甘失败的敌军又集结部队，企图阻止红军主力西返。敌人才一行动，红四军立即由皖西迅速西进。5月9日，许继慎率部队到达新集北之浒湾，与敌第五十三师四个团遭遇，激战一昼夜，毙俘敌近千。红军乘胜横扫光山南部的据点，使进剿之敌连连受创，未敢深入。"围剿"的第二步计划又告破产。

5月下旬，红四军稍事休整，又为进一步打破敌人的"围剿"、保卫麦收而向南线出击。28日，许继慎率红军十一师参加围攻桃花据点，歼敌第四十四师一个营，驻黄安一个旅的敌人于十里堡中伏，亦大部被歼。至此，蒋介石对鄂豫皖边进行的第二次"围剿"彻底宣告失败。

在一个多月的反"围剿"过程中，红军主力采取避实打虚、各个击破的机动战法，使"追剿"的敌人处处挨打，望风逃窜，总计歼敌六千余人。鄂豫皖根据地的第二次反"围剿"作战大获全胜。

在两次反"围剿"作战中，许继慎充分发挥

主观能动性，冷静客观地审时度势，以灵活多变的战术计谋、卓绝出众的指挥才能立下赫赫战功，同时，他也和曾中生、徐向前等人一起，为红军的建军、作战及根据地建设的理论和实践发展作出了重要贡献。

在作战方面，通过反"围剿"的斗争经验，认识到必须集中精锐力量突破敌人的弱点，必须实行有阵地的向外发展，有后方的向前进攻原则；必须肃清根据地内的反动武装才能巩固扩大根据地。此时，鄂豫皖红军已转化为正规部队，发展到四个师辖十二个团近两万人的规模，物资装备极大改善，党政建设得到加强，不仅建起了侦察、通讯等部门，还建起了总务、财政、军需、辎重队、军械所、被服厂和医院。部队的战斗规模也有了显著发展，作战形式已形成以运动战为主，战术方面也有了出其不意、长途奔袭、集中优势兵力歼灭弱势敌人、机动灵活、诱敌深入、"赚钱就干赔本不来"、力争打歼灭战等方法。部队勇敢果断、猛冲猛打的战斗作风也逐步形成。

在根据地建设方面也取得了不俗的成就，创建了东西长三百多里，南北宽一百五十余里，辖十多个县，拥有近二百五十万人口的苏区。

这一时期的成就与贡献，几乎都是与许继慎分不开的。

"木秀于林，风必摧之"，巨大的悲剧正阴鸷地等在许继慎昂首前行的路上。

"肃反"运动中的千古悲歌

(1931)

→ 直言遭妒

1931 年 1 月，中央六届四中全会召开，王明等"左"倾教条宗派主义分子把持了党中央的领导权，开始推行更"左"的机会主义路线。会后，为使"左"倾路线在各苏区中贯彻执行，党中央在各苏区内设置了中央局、中央分局代表机构，派遣中央代表加以控制，中央代表的权力大到可以否定党委决议甚至解散党委。就是在这种情况下，张国焘、沈泽民、陈昌浩等人先后到达鄂豫皖苏区。

这一行人到来的时候，正是第二次反"围剿"战斗正酣之际。张国焘刚一来便盯上了许继慎，不仅是因为他们在黄埔军校、武汉、南昌有过多次接触，也不仅是许继慎是政治上与他处处作对的周恩来的得意门生，刚一

△ 长征时的张国焘

见面，许继慎的风范气度给了他深刻的印象，他不得不认可其能力确在"各师师长之上"，无怪在苏区党、红军和人民中有很高的威望。在旷继勋向他介绍了红四军的主要将领之后，张国焘决定首先找许继慎谈谈。

许继慎性情率真，直言不讳，且意见中肯，几番交谈下来，张国焘并未如预想般得到许继慎的全面支持，反而在苏区的发展战略上被许继慎批评为保守。会谈后，张国焘心里打定了主意要动动许继慎。

1931年5月12日，张国焘宣布撤销鄂豫皖特委，成立中共中央鄂豫皖分局和新的鄂豫皖军事委员会。张国焘任书记兼军事委员会主席，曾中生、旷继勋任副主席。另成立中共鄂豫皖省委，沈泽民为书记。中央分局委员有张国焘、沈泽民、陈昌浩、曾中生等十一人，候补委员有徐向前、郑位三、旷继勋等十五人，常务委员有张国焘、沈泽民、陈昌浩、郭述申、王平章、周纯全、高敬亭等七人。此后不久，红四军的领导干部也做了调整，军长仍是旷继勋，曾中生任政治委员，原红十师师长蔡申熙改任军政学校校长，现任师长是刘英，第十一师师长是周维炯，政治委员余笃三，许继慎任红十二师师长，后兼任皖西军委分会主席，第十三师师长是徐向前。

鄂豫皖分局的成立标志着新的"左"倾路线的贯彻和张国焘路线统治的开始。

分局成立后，张国焘对红军和苏区横加指责，处处干涉，将苏区干部中地主富农出身的人都归为"改组派"，他动不动就给有反对意见的人扣上"反党"、"反中央"的帽子，诬陷其是"AB团"、"第三党"，从而进行残酷地打压，还以党的名义滥用职权，建立个人统治。他的种种做法引起了很多同志的不满和抵制，逐渐演变成尖锐的斗争，在这场斗争中，许继慎始终如一地反对王明"左"倾路线，抵制张国焘的军阀主义。

许继慎与张国焘谈了几次话，坦诚地讲了对中央政策、对苏区干部进行打压的做法、对皖西苏区和红军进行全盘否定的态度都是不对的，也指出部队应积极进攻。许继慎完全没想到，自己的意见张国焘一句都没听进去。

5月底，在讨论鄂豫皖苏区第二次反"围剿"胜利后的军事行动方针时，许继慎、曾中生等与张国焘发生严重分歧。当时，蒋介石调集几十万兵力向中央苏区发起第三次"围剿"，对鄂豫皖苏区则采取守势。许继慎、曾中生等认为这是向外发展的大好机会，主张红四军主力南下作战，收复蕲春、黄梅、广济地区，一面扩大根据地，一面配合和支援中央苏区反"围剿"斗争，还可以解决经费和粮食问题，减轻根据地人民负担。这一主张遭到了张国焘的极力反对。鄂豫皖苏区由此失去了向外发展的大好机会，引起了更多人的不满。

为强化自己的权威，张国焘于6月28日在新集召开的分局扩大会议上，打着"四中全会路线"的幌子，指责原鄂豫皖特委犯了"严重的右倾机会主义"错误，指责红四军"遭受严重的失败"，并打着同"右倾机会主义作斗争"的旗号，残酷打击迫害坚持正确意见的鄂豫皖苏区的干部，许继慎被当做斗争的重点对象之一。会上，张国焘捕风捉影、歪曲事实、上纲上线、片面夸大，无所不用其极地对许继慎搞人身攻击，污蔑许继慎"在多方面保持军阀土匪的习气"。为排除异己，连坚持正确意见的曾中生、余笃三、徐朋人、陈定侯、舒传贤等也以各种各样的"罪名"被批判，有的被撤职，有的开除党籍。会后，中央分局决定组成张国焘、沈泽民、陈昌浩、周纯全、高敬亭、王平章、郭述申等七人的常委会，实际上剥夺了另外四名委员曾中生、旷继勋、蔡申熙、舒传贤参与决策的权利。

许继慎并没有在张国焘的淫威下屈服，在军事行动方针问题上依然坚持红四军主力应南下作战的主张。经过激烈争论，许继慎的意见得到了大多数人的支持。会后，许继慎和曾中生又去找张国焘交换意见，进一步陈述了南下作战的意义，还批评了分局领导人的宗派主义的做法。

张国焘根本听不进正确的意见，他把这看做是对他个人权威的挑衅，为建立巩固自己对鄂豫皖苏区的绝对统治，张国焘开始找机会对许继慎和他的战友们下毒手。

分歧凸显

★★★★★　　　　　　　　（30 岁）

7月1日，鄂豫皖边第二次工农兵代表大会成立苏维埃政治保卫局，通过《肃反决议案》等。

7月初，鄂豫皖军委会在商城南部余家集讨论兵力使用问题，许继慎、曾中生又和张国焘发生严重分歧。许继慎主张打下英山后，应到蕲春、黄梅、广济地区去消灭敌人的有生力量，既能巩固根据地，又能牵制敌人，支援中央苏区的反"围剿"斗争。张国焘却无视正确意见，由保守转为冒进，强行做出让部队东进攻打安庆、威逼南京的错误决定。该决定遭到了曾中生、旷继勋、刘士奇等人的激烈反对。会后，张国焘蛮横地撤掉了旷继勋的军长职务，改由徐向前接替。

因为徐向前不是中央分局委员，不能参与决策，便于他随意控制红四军。

7月中旬，红四军南下作战开始。

8月1日，红四军攻打英山县城，英山的守军是敌五十七师第一六九旅的一个团，防御工事牢固。红军分三路进攻受阻，许继慎重新作了部署，指挥红十二师由英山城西门首先突入城内，展开巷战，全歼了城内敌人，生俘敌团长张汉全以下一千八百余人，缴枪千余支、重机枪十八挺、迫击炮四门。

攻下英山后，按照原定计划，部队应该出潜山、太湖，攻打安庆。可许继慎、曾中生、徐向前等再次讨论行动方向，认为出潜山、攻安庆、威逼南京实在是弊多利少，不仅路程太远、兵力有限，而且对那一带的地形、民情、军情都不熟悉，搞不好会弄得全军覆没，而蕲春、黄梅、广济地区则有良好的群众基础，对那儿出击可以使根据地再连成一片，且沿途兵力薄弱，宜乘虚而入歼灭敌人。经过仔细的商讨，红四军领导层决定改变原定的行动方向，出击武穴，同时向中央分局报告行动的原因及决定，并将红十二师留在英山掩护其余两个师南下。

8月8日，红四军占浠水、克罗田；18日，奔袭蕲春北之漕河镇的守敌；19日，全歼敌新编第八旅，活捉敌旅长王光宗以下一千六百余人，缴枪一千二百支，炮四十门；接着又乘胜攻占广济，威逼武穴、黄梅，与湘鄂赣的红军遥相呼应。

红四军挥师南下在蕲春、黄梅、广济地区取得胜利的消息使武汉震惊，武汉绥靖公署急忙调集军舰封锁长江，命令第十军军长徐源泉率第四十一师丁治盘旅、第四十八师徐继成旅前往围击。8月20日，敌军占领浠水后继续东进，企图切断新四军的后路。徐向前急令许继慎率红十二师南下，自率主力北上，以图南北夹击敌人。

30日，敌军四个团进据洗马畈地区，红四军早有准备，31日晚，许继慎率红十二师分两路由英山南下，一路出鸡鸣河抢占洗马畈北侧之圻阳高地，截断敌军退路，并阻击增援之敌；一路出牛头冲由东北方向侧袭洗马畈。

9月1日拂晓，战斗全面打响，许继慎率十二师与敌军展开激战，战斗持续了一昼两夜，全歼敌西山庙一个团，敌另两个团也被歼过半，共歼敌千余。同日，张国焘强令部队北返的信送到了曾中生手里，部队不得不放弃大好的歼敌机会，于9月2日向北回撤。

这次南下作战持续了一个多月，连克英山、浠水、罗田、广济四座县城，歼敌七个团，俘敌五千多人，缴枪四千多支，迫击炮二十八门，电台一部，子弹药品无数，不仅恢复了蕲春、黄梅、广济的革命根据地，还形成了以英山为中心的红色区域。部队威逼武穴、黄梅，有效地牵制了敌军原拟入赣的兵力，支援了中央苏区的反"围剿"斗争。由此可见，张国焘在信中对红四军"抗拒分局指示"、"放弃援助中央根据地任务"、"重复'立三路线'"、"是原则上路线上的分歧"等指责是极其无理的。

撤退途中，有不少干部对张国焘的命令表示不满，许继慎积极提议，应该召开大会，明辨是非，统一思想，以明确红四军的行动方向。许继慎认为，红四军南下作战取得了重大胜利，这就证明这次作战行动是正确的，张国焘的指责是错误的。为了鄂豫皖苏区的巩固和发展，为了军队的发展和革命的胜利，许继慎认为可以不必理会张国焘的指示。

9月3日，许继慎奉命率部再次攻打英山县城。4日，红四军移驻鸡鸣河，在此召开了全军支部书记指导员以上干部会议，总结南下工作，建立鄂东临时特委，讨论张国焘的来信。

红四军政治委员曾中生主持了这次会议，他首先念了张国焘的来信，对红四军南下以来的行动和战绩发表了自己的意见，对张国焘的无理指责表示激愤。许继慎紧接着站起来说道："我们这次南下行动，我认为是十分正确的。当初我力主南下，现在我更认为应该南下，事实是明摆着的。对张国焘同志的指责，我表示坚决反对！"许继慎的发言一结束，余笃三、周维炯、姜镜堂等军、师级领导干部也都争相发言，驳斥张国焘的错误指责。

最后，会议一致通过了曾中生根据会议发言起草的《向中央分局的申明书》，其中据实说明了部队东进的不利和南下作战的正确性，指出张国焘强令撤军的严重错误，逐条驳斥了张国焘的无理指责，陈述了红四军连以上干部的共同意见。许继慎带头在《申明书》上签了名。

会议不止将这份全体签名的《申明书》报呈中央分局和中央军委，还决定让军政治部主任刘士奇先行返回分局，向张国焘陈述意见。接到报告的张国焘怒火中烧，他立即召集中央分局和军委举行紧急联席会议，宣称鸡鸣河会议是红四军中"改组派"的反党会议，认定曾中生、许继慎到了公开反抗的地步，错误地决定撤销曾中生红四军政委职务。会后，张国焘立即派陈昌浩作为中央分局和军委会的全权代表赶到麻埠处理这一事件。在张国焘的授意下，军委会又任命陈昌浩接任红四军政委一职，相机处理许继慎。

紧接着，张国焘以中央分局的名义发出通告，说"严厉镇压反动派是党在目前斗争的一个非常重要的任务"，要求红军和地方各级党组织"动员一切同志，一切革命的群众参加肃反的工作"，在大造"肃反"舆论的同时，强化了政治保卫局等"肃反组织"。

9月13日，陈昌浩赶到麻埠红四军军部，宣布撤销曾中生职务，由自己接任，并于当天就在红四军中开始了宗派主义的大"肃反"。

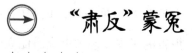

"肃反"蒙冤

★★★★★

（30岁）

1931年8月初，就在红军收复英山后，许继慎奉命率部留驻英山。此时，国民党特务任廉洁和钟梅桥找到了许继慎，交给许继慎一封曾扩情写给他的亲笔信。曾扩情是蒋介石麾下十三太保之一，与许继慎同是黄埔军校一期的同学。

信文如下：

继慎吾兄无恙：

前由钟俊同志奉书吾兄，幸荷察纳，钦佩

至极，此得钟同志返命，即为详呈校座，奉批照办，匍匐来归之子，父母惟有涕泪加怜，或竟自伤其顾之不周耳，宁忍加省难于其子哉！苍苍此天，于孝行后，分无再见，乃后来归，虽犹千里，心实欢喜，只所须名义防地，俟钟俊同志赴赣请示校座，自当以给。校座返京百务等决，故一时未能缕缕呈耳，愿吾兄之勿虑也，西望停云，我心劳结，诸希自珍，以候宠命，并颂戎安！

弟曾扩情再拜
九月十九

（据《许继慎与蒋介石勾结的一封信》，《肃反专刊》第1期）

许继慎读罢信勃然大怒，立即叫士兵将两个特务逮捕，连信一起送交军部。政治委员曾中生、军长徐向前对特务进行了审讯，对此明确批示："看来（许）不会有什么问题"，"这完全是敌人利用这种阴谋来破坏我们"。随即将两个特务连同信件和军部的意见一起送交中央分局处理。

许继慎万万没有想到，自己的磊落行为竟成了张国焘诬害自己的把柄。

9月13日，就在陈昌浩接任红四军军委的当晚，与许继慎关系亲密的红十师参谋主任柯柏元、红二十八团团长潘皈佛、副团长丁超等二十余名团干部被逮捕，陈昌浩对他们进行了严刑拷打，但没获得什么口供和材料。陈昌浩不死心，又下令逮捕红三十团团长高建斗、政治委员封俊、第三十五团团长王明、红十二师参谋长兼红三十六团团长魏孟贤，甚至把红四军的一些军属也抓了来。在严刑拷打下，有人被迫"交代"，说许继慎、周维炯、李荣桂、熊受暄等一批红四军师团级干部将在 9 月 15 日举行"兵变"，有所谓的"准备把部队拉到长江边上投向蒋介石的全盘反革命计划"，说红四军南下作战是"曾中生等受了那些反革命分子的怂恿和蒙蔽"。依据这些"证据"，在红四军移师商城余子店时，许继慎被陈昌浩带领政治保卫局干部五花大绑地捆了起来，与他一同被逮捕的还有周维炯、熊受暄、姜镜堂等红四军高级将领。

许继慎和周维炯被逮捕后饱受酷刑，他们是被绑在担架上、用白布盖着押送到中央分局所在地新集的。

张国焘在新集单独会见了许继慎和曾中生，他表示，只要许继慎表示支持自己或不再坚持原有意见，就可以立即被释放。许继慎没有这么做，反而质问张国焘为何非法逮捕自己，要把红四军引向何方。张国焘拂袖而去。

9 月中下旬，红四军移师河南光山白雀园，张国焘到这里亲自主持红四军的"肃反"。

他下令逮捕了军委政治部主任王培吾、秘书长陈翰香、红十二师政委庞永俊、继任政委吴荆赤、副师长肖方、十师副师长程绍山、参谋主任范沱、政治部主任关叔衣等人，诬陷他们是"AB 团"、"改组派"、"第三党"，还罗织出"预谋兵变"的罪名。

为了落实许继慎等人的"兵变阴谋"，张国焘指使下属对曾扩情派来的两个特务施以毒刑，两人挨不过打，就顺着他们的意思乱说，张国焘由此取得了许继慎、周维炯等人将在 9 月 15 日发动"兵变"的"铁证"。

这时，以张国焘为首的临时革命法庭开始了对许继慎等人的严刑逼供，他根据特务的口供，炮制出一个反革命的"军事委员会"，诬称许继慎、周维炯、高建斗、廖业琪、肖方、吴荆赤、熊受暄、潘飯佛、姜镜堂是委员，许继慎是主席。他将所谓的"九·一五暴动"讲得有板有眼，耸人听闻，还在特务带来的离间信上大做文章，以此蒙蔽和欺骗红四军的干部和战士，达到陷害许继慎的目的。

许继慎虽被打得遍体鳞伤，但仍没有对张国焘的淫威进行屈服妥协，而是进行了坚决的斗争。他据实说明情况，严厉驳斥诬陷他的各种罪名，他一直申明，自己从没有什么反革命的行为，也从没想过叛变革命。张国焘并不听他的申辩，还给许继慎强加了许多罪名。他还主持召开"公审大会"，企图以高压逼迫许继慎认罪。许继慎被人用担架抬进了会场，面对张国焘的声声诬陷，许继慎大声说道："诬蔑，统统是诬蔑! 假的，统统是假的! 我对党、对革命问心无愧，我一生经历了几十次战斗，用鲜血和生命创建了红一军，扩大了鄂豫皖根据地，这些足以证明我是忠于党、忠于人民的。红白忠奸，历史自有公论。我相信，总有一天，党会做出公正的结论的。"这一番话铿锵有力、掷地有声，粉碎了张国焘企图当众诬陷许继慎、逼迫其认罪的阴谋，张国焘见事不好，慌忙将"公审"改为"宣判"，草草收场。

许继慎在红四军内及苏区有着崇高的威望，张国焘并不敢明目张胆地处决许继慎。他将许继慎、周维炯等人的"兵变阴谋"以及鄂豫皖中央分局处理红四军原领导人曾中生的决议急送中央。11月3日，中央给鄂豫皖分局的指示信到了，"中央完全同意关于反对四军领导干部反抗中央分局的正确路线的决议"和"中央（分）局对许应做严厉的考查"两项决定让张国焘欣喜若狂，有了这柄"尚方宝剑"，许继慎就必死无

△ 许继慎将军像

疑了。

1931年11月，许继慎被张国焘秘密杀害于河南省光山县新集（今新县）的白雀园，牺牲时年仅30岁。随后，周维炯也被以同样方式处死，时年仅26岁。不久，许继慎的新婚妻子王望春也被秘密杀害。

张国焘制造的以许继慎为首的"反革命阴谋案"，是鄂豫皖苏区历史上一个罕见的冤案，张国焘借此掀起"肃反"狂潮，在根据地进行大清洗，给苏区各县党组织、政府和地方武装造成了无法估量的损失。

徐向前在思考许继慎的死因时，曾无比沉痛地将其归结为"左"倾中央的错误政策、品质不好的一把手兴风作浪、一些领导同志害"左"倾幼稚病和逼供信。对于张国焘的责任，他尖锐地指出："张国焘这人不是没有能力，但品质不好，他是借口肃反，剪除异己，建立个人统治。像张国焘这种品质不好的人，搞家长制统治的人，根本就不该派来鄂豫皖当一把手。"

1942年，新四军代军长陈毅到了延安，向党中央和徐向前讲了一件事：国共合作抗日之后，一次新四军与国民党谈判，陈毅遇上了国民党将领冷欣。冷欣很得意地对他说："我们略施小计，你们就杀了许继慎。"陈毅的话在中共中央高层引起了巨大的震撼。1945年，党的"七大"为许继慎、周维炯等人公开平反昭雪，恢复其党籍并追认为革命烈士。

1972年6月，在中央批林整风汇报会上，周恩来十分沉痛地说："许继慎这个同志我了解，政治上很强，很能打仗，红四方面军的战斗作风与他有很大关系，他把叶挺独立团的战斗作风带到了红四方面军。"

1981年，中共六安县委为许继慎修建烈士陵园，徐向前亲自题写了"中国工农红军第一军军长许继慎同志之墓"的碑文。

1989年，许继慎与毛泽东、周恩来、朱德、邓小平等33人一起被中央军委正式命名为无产阶级军事家，并载入《中国大百科全书·军事卷·中国人民解放军军事人物分册》。

红白忠奸，历史自有公论。党和人民永远不会忘记这些为新中国的解放事业贡献出热血与生命的英烈们！

后 记

走进心底的英雄

行文至末，竟然有些不舍。

英雄或许遥远，但只要让他走入心底，他们便永远鲜活。许继慎便是我心头那一团永不熄灭的火焰。

他是个坚定的共产主义战士，他的信仰坚不可摧，无论是面临大革命失败还是最后蒙冤罹难，从没有什么能撼动他对信仰的忠贞；他是热血激昂的革命先锋，他从不畏惧困难艰险，总是走在斗争的前列，冲锋陷阵时经常身先士卒，在整支队伍中也总能挑起最艰巨的重任；他是卓尔不群的天才将领，他不仅在战场上屡出奇策，克敌制胜，令敌人闻风丧胆，也能在革命斗争的大是大非面前辨清方向，不被"左"倾与右倾恣意左右；他身上交织着冷静与固执这对巨大矛盾，但这却使他的脸孔更加鲜活，为了保存革命实力，他敢于违抗命令，为了保护鄂豫皖根据地的利益，他敢于当面批评上级，他热忱、勇敢、坚毅、耿直，深得将士的拥护和民众的爱戴，他用自己的一言一行点燃了每个人心中的火焰，成了许多人心目中的榜样与楷模，被人景仰与尊崇，将无数荣耀挂在胸口，成为强大中国的基石之一。

我很想去他的故乡，去他灵魂栖息的土地，很想走过他东征北伐的旧地，然后在鄂豫皖停留。我想，那里一定保存着他的故事与传说，在许多人的口头与心里。

他的"平反"似乎来得有些迟，人们对他的怀念里也总是添了一份惋惜。周恩来总理说，是许继慎把叶挺独立团的战斗作风带到了红四军，红四军战斗作风的形成跟他脱不了关系。徐向前元帅与他共同战斗了一年多，对他印象极佳，最后的墨宝就留在了为许继慎树立的碑石上。李硕勋、林彪加入革命队伍，也与他关联甚密。他是周恩来的得力助手，是黄埔军校的高才生，是叶挺的铁军干将，是蒋介石挖不到的"共党分子"，他与徐向前并肩作战，死在张国焘的阴谋之下。他活在了一个满是传奇的年代，无数与他相逢、相识、相仇视甚至只是擦肩而过的人物，都将名字留在了中国历史的书页上，煌煌如星，如雷贯耳，但是他却沉默而宁静地隐在一边，将东征、北伐、南昌起义、反"围剿"、鄂豫皖根据地、中国工农红军第四军等变成他不露痕迹的注脚，只淡然的、甚至带些羞赧地微笑。

人民怎么会忘记他呢？他为中国人民解放事业所做的一切永远凿刻在历史的丰碑上，人民永远记得他，因他早已走进了每个人的心底。